가·나·다·라 순으로 바로바로
찾을 수 있는 중국어 **입문** 단어장

한국어
중국어
단어장

외국어도서전문
1945
문예림

한국어 중국어 단어장

초 판 인 쇄 : 2013년 5월 20일
초 판 발 행 : 2013년 5월 30일
편 저 자 : 외국어학보급회
감 수 : Twins
발 행 인 : 서 덕 일
펴 낸 곳 : 도서출판 문예림
등 록 : 1962. 7. 12 제2-110호
주 소 : 서울특별시 광진구 군자동 1-13 문예하우스 101호
전 화 : (02)499-1281~2
팩 스 : (02)499-1283
http://www.bookmoon.co.kr
E-mail : book1281@hanmail.net

* 잘못된 책이나 파본은 교환해 드립니다.
* 저자와의 협의에 의해 인지는 생략합니다.

머리말

지금 중국에는 "韓流" 열풍이, 한국에는 "漢流" 열풍이 불고 있습니다.

이 책은 중국어를 전혀 모르는 분이라도 중국사람과 의사 소통이 될 수 있도록 말하고 싶은 단어·문장을 가나다라 순으로 편집하여 쉽게 단어와 문장을 찾을 수 있도록 하였습니다.

또한 한글 자모식 중국어 발음 표기와 영어 알파벳식 발음 표기를 병기함으로써 중국어 학습에 관심이 있는 분들께도 일정한 역할을 할 수 있도록 배려하였습니다.

아무쪼록 이 작은 책자를 효율적으로 이용하여 중국 여행과 공부에 도움이 되시길 바랍니다.

2003년 5월

편저자

차례

가 … 5
나 … 39
다 … 51
라 … 67
마 … 71
바 … 91
사 … 111
아 … 137
자 … 185
차 … 211
카 … 219
타 … 221
파 … 225
하 … 229

일상필수용어집 … 245
  숫자 … 247
  일 / 요일 / 월 / 시간 / 단위 … 251
  레스토랑 / 식사 / 식료품 … 259
  교통 … 269
  병 … 272
  긴급 … 276

부록 … 279

가

중국여행120

가까이서 짜이찐추	在近处 zài jìn chù
가격 쟈거	价格 jià gé
가고 싶다. 샹취	想去 xiǎng qù
가고 싶어하다. 쩐 샹취	真想去 zhēn xiǎng qù
가구 쟈쮜	家具 jiā jù
가끔 유스	有时 yǒu shí
가난 츙	穷 qióng
가난하다. 핀쿠	贫苦 pín kǔ
가난한 사람 츙런	穷人 qióng rén
가는 것이다. 취	…去… qù
가는 곳마다 따오추	到处 dào chù
가는 김에 루꿔	路过 lù guò
가늘다. 씨	细 xì
가능하다. 유커넝	有可能 yǒu kě néng
가다. 저우	走 zǒu
가도 좋아요. 저우예싱	走也行 zǒu yě xíng
가득차다. 만	满 mǎn
가득히 만떵떵	满登登 mǎn dēng dēng

가고 싶지만 갈 수 없다.
샹취취뿌료
想去,去不了
xiǎng qù qù bù liǎo

가늘고 날씬하다.
유씨유묘툐
又细又苗条
yòu xì yòu miáo tiáo

가도 좋습니까?
커이저우러마
可以走了吗？
kě yǐ zǒu le ma

| 가려고 하다. | 要走 | 가방 | 包 |
| 요저우 | yào zǒu | 빠오 | bāo |

| 가련하다. | 可怜 | 가볍게 인사하다. | 问候 |
| 커리엔 | kě lián | 원허우 | wèn hòu |

| 가렵다. | 痒 | 가볍게 행동하다. | 举止轻浮 |
| 야양 | yǎng | 쥐즈칭푸 | jǔ zhǐ qīng fú |

| 가루 | 粉 | 가볍다 | 轻 |
| 펀 | fěn | 칭 | qīng |

| 가로수 | 林荫树 | 가보고 싶다 | 想去 |
| 린인수 | lín yīn shù | 샹취 | xiǎng qù |

| 가르쳐 주십시오. | 指教 | 가보다 | 去 |
| 즈죠 | zhǐ jiāo | 취 | qù |

| 가르치다. | 教 | 가세요. | 走吧 |
| 죠 | jiāo | 저우바 | zǒu ba |

| 가리다. | 遮 | 가수 | 歌手 |
| 저 | zhē | 꺼서우 | gē shǒu |

| 가만히 | 轻轻地 | 가스 | 气体 |
| 칭칭더 | qīng qīng de | 치티 | qì tǐ |

| 가망이 없다. | 没指望 | 가슴 | 胸 |
| 메이즈왕 | méi zhǐ wàng | 슝 | xiōng |

| 가면 안됩니다. | 不能去 | 가슴이 아프다 | 心痛 |
| 뿌넝취 | bù néng qù | 씬퉁 | xīn tòng |

| 가명 | 假名 | 가시 | 刺儿 |
| 쟈밍 | jiǎ míng | 처얼 | cìr |

한국어	한자	한국어	한자
가엾게도 링런리엔민	令人怜悯 lìng rén lián mǐn	**가족** 쨔주	家族 jiā zú
가엾다. 커리엔	可怜 kě lián	**가죽** 피	皮 pí
가위 잰즈	剪子 jiǎn zi	**가지고 가다.** 따이저우	带走 dài zǒu
가을 츄텐	秋天 qiū tiān	**가지다.** 나,따이	拿,带 ná, dài
가자. 저우	走 zǒu	**가지 않겠습니까?** 취부취	去不去 qù bú qù
가짜 쨔	假 jiǎ	**가지 않겠습니다.** 부취	不去 bú qù
가정 쨔팅	家庭 jiā tíng	**가치** 쨔즈	价值 jià zhí
가져 가겠습니다. 나저우	拿走 ná zǒu	**가혹** 옌쿠	严酷 yán kù

가려면 빨리 가세요. 要走就快点走
요저우쭈콰이디엔저우　　yào zǒu jiù kuài diǎn zǒu

가만히 있을 수 없다. 没法呆着
메이파따이저　　méi fǎ dāi zhe

가지고 와 주십시오. 麻烦给捎过来
마판게이소꿔라이　　má fan gěi shāo guò lai

가지고 있지 않습니다. …没有…
…메이유…　　méi yǒu

가

각오 죄에우	觉悟 jué wù	간접 잰지에	间接 jiān jiē
각자부담 꺼푸꺼더	各付各的 gè fù gè de	간지럽다. 파야양	发痒 fā yǎng
간격 잰거	间隔 jiān gé	간질이다. 띠엔시엔	癫痫 diān xiǎn
간단 잰단	简单 jiǎn dān	간파하다. 칸프어	看破 kàn pò
간부 깐부	干部 gàn bù	간판 파이즈	牌子 pái zi
간사하다 죠화	狡猾 jiǎo huá	간호 후리	护理 hù lǐ
간섭하지마. 비에깐스어	别干涉 bié gān shè	간호사 후스	护士 hù shì
간장(간) 깐짱	肝脏 gān zàng	갈까요? 커이저우마	可以走吗？ kě yǐ zǒu ma
간장(양념) 장유	酱油 jiàng yóu	갈 리가 없다. 뿌커넝취	不可能去 bù kě néng qù

간단한 지도를 그려주시겠습니까?   能给画一个简单的地图吗？
넝게이화이거지엔딴더띠투마
　　　　　　　néng gěi huà yī ge jiǎn dān de dì tú ma

갈팡질팡하다.　　　　　　　　　　　　　　　　　　惊慌失措
징황스춰　　　　　　　　　　　　　　　　　jīng huāng shī cuò

갈아타다. 환청	换乘 huàn chéng	감동하다. 간둥	感动 gǎn dòng
갈아입을 옷 후안시이우	换洗衣物 huàn xǐ yī wù	감싸고 돌다. 탄후	袒护 tǎn hù
갉다. 꽈	刮 guā	감싸다. 궈	裹 guǒ
감 스즈	柿子 shì zi	감상 간샹	感想 gǎn xiǎng
감각 간쥐	感觉 gǎn jué	감옥 찌엔위	监狱 jiān yù
감각이 둔하다. 간쥐츠뚠	感觉迟钝 gǎn jué chí dùn	감정 간칭	感情 gǎn qíng
감격 간찌	感激 gǎn jī	감찰 찌엔차	监察 jiān chá
감당할 수 없다. 청단뿌치	承担不起 chéng dān bù qǐ	감촉이 좋다. 추간하오	触感好 chù gǎn hǎo
감독 지엔뚜	监督 jiān dū	감화 간화	感化 gǎn huà

감각이 없어지다. 没有感觉
메이유간쥐 méi yǒu gǎn jué

감도가 좋다. 灵敏度高
링민뚜꼬 líng mǐn dù gāo

감사합니다. 谢谢
씨에씨에 xiè xie

갑갑하다.	闷
먼	mèn

갑니까?	要走吗？
야오저우마	yào zǒu ma

갑니다.	走了
저우러	zǒu le

갑시다.	走吧
저우바	zǒu ba

갑자기	突然
투란	tū rán

값어치	价值
쟈즈	jià zhí

값을 깍아주다.	降价
지앙쟈	jiàng jià

값이 오르다.	涨价
장쟈	zhǎng jià

갔다.	去了
취러	qù le

갔다 올께.	…去趟…
취탕	qù tàng

같이 가도 됩니까?	可以一起去吗？
커이이치취마	kě yǐ yī qǐ qù ma

같이 갑시다.	一起去吧
이치취바	yī qǐ qù ba

갔습니다.	走了
저우러	zǒu le

강	河
허	hé

강요하지 않다.	不强求
뿌치앙츄	bù qiáng qiú

강하다.	强
치앙	qiáng

갖고 싶다.	想要
샹야오	xiǎng yào

갖고 싶어한다.	想要
샹야오	xiǎng yào

같이 하자.	一起做吧
이치쭈어바	yī qǐ zuò ba

갚다.	还
환	huán

개	狗
거우	gǒu

갈 필요는 없다.	没必要去
메이삐요취	méi bì yào qù

개구리 칭와	青蛙 qīng wā	거미 즈주	蜘蛛 zhī zhū
개다. 스탸거우	是条狗 shì tiáo gǒu	거부 쮜줴	拒绝 jù jué
개띠 거우니엔	狗年 gǒu nián	거부하지 말아라 부야오쮜줴	不要拒绝 bú yào jù jué
개미 마이	蚂蚁 mǎ yǐ	거북이 꾸이	龟 guī
개방하다. 카이팡	开放 kāi fàng	거북하다. 뿌팡삐엔	不方便 bù fāng biàn
개선하다. 가이산	改善 gǎi shàn	거스름돈 자오치엔	找钱 zhǎo qián
개요 까이야오	概要 gài yào	거역하다. 캉쮜	抗拒 kàng jù
개인 꺼런	个人 gè rén	거울 찌잉즈	镜子 jìng zi
개점 카이장	开张 kāi zhāng	거의 찌후	几乎 jī hū
거기서 보자. 짜이날지엔	在那儿见 zài nàr jiàn	거절당하다. 짜오따오쮜줴	遭到拒绝 zāo dào jù jué
거들다. 빵망	帮忙 bāng máng	거절하다. 쮜줴	拒绝 jù jué
거리 쮜리	距离 jù lí	거지 치까이	乞丐 qǐ gài

거짓말을 하다. 쉬황	说谎 shuō huǎng	걱정이 되다. 파	怕 pà
거짓말쟁이 피엔즈	骗子 piàn zi	걱정입니다. 처우	愁 chóu
거칠어지다. 추초	粗糙 cū cāo	걱정하다. 딴신	担心 dān xīn
거품 파오뭐	泡沫 pào mò	걱정하지마. 부요딴신	不要担心 bú yào dān xīn
걱정 딴신	担心 dān xīn	건강 찌엔캉	健康 jiàn kāng

거절하겠습니다. 表示拒绝
뺘오쓰쮜쥐에   biǎo shì jù jué

거짓말은 안한다. 不说谎话
뿌쉬황화   bù shuō huǎng huà

거짓말 하지마. 不要说谎
부요쉬황   bú yào shuō huǎng

거스름돈은 필요없습니다. 不用找钱
부융자오치엔   bú yòng zhǎo qián

거스름돈을 안 받았는데요. 没给找钱
메이게이조치엔   méi gěi zhǎo qián

거의 끝났습니다. 快结束了
콰이지에쑤라   kuài jié shù le

거의 올 때가 됐다. 快来了
콰이라이러   kuài lái le

14

건너다.	过
꿔	guò

건너편	对面
뚜이미엔	duì miàn

건널목	渡口
뚜커우	dù kǒu

건네주다.	递
띠	dì

거짓말을 곧이 듣다.	信谎话
씬황화	xìn huǎng huà

걱정할 것 없다.	不必担心
부삐딴신	bú bì dān xīn

건강이 제일이다.	健康第一
찌엔캉띠이	jiàn kāng dì yī

걱정해 주셔서 감사합니다.　谢谢您的牵挂
씨에씨에닌더치엔꽈　　xiè xie nín de qiān guà

건강에 나쁘다.　有害健康
유하이찌엔캉　　yǒu hài jiàn kāng

건강진단　检查身体
지엔차선티　　jiǎn chá shēn tǐ

건강에 조심하십시오.　请注意健康
칭쭈이찌엔캉　　qǐng zhù yì jiàn kāng

건강 진단을 받으세요.　请做一下身体检查
칭쭤이샤선티지엔차　　qǐng zuò yī xià shēn tǐ jiǎn chá

건강하세요?	身体好吗?
썬티 하오마	shēn tǐ hǎo ma

건물	建筑物
찌엔쭈	jiàn zhù wù

건방지다.	傲慢
아오만	ào màn

건배	干杯
깐뻬이	gān bēi

건설	建设
찌엔서	jiàn shè

건전	健全
찌엔최엔	jiàn quán

건축	建筑
찌엔쭈	jiàn zhù

가

걷다.	走	걸치다.	披
저우	zǒu	피	pī

걷어올리다.	卷	걸터앉다.	跨
쥐엔	juǎn	콰	kuà

걸다.(전화, 의복) 挂(电话, 衣服)
꽈(띠엔화, 이푸) guà(diàn huà, yīfu)

검다.	黑
허이	hēi

걸리다.	绊	검사	检查
빤	bàn	지엔차	jiǎn chá

걸리다(병)	患	검사	检验
환	huàn	지엔얘엔	jiǎn yàn

걸어서 갑시다.	走着走吧	검약	节约
저우저저우바	zǒu zhe zǒu ba	지에외	jié yuē

걸으면 괜찮아요.	走走好	검역	检疫
저우저우하오	zǒu zǒu hǎo	지엔이	jiǎn yì

걸으면서	边走	검은 색	黑色
비엔저우	biān zǒu	헤이서	hēi sè

걸을 수밖에 없다.	只能走路	겉	表面
즈넝저우루	zhǐ néng zǒu lù	뱌오미엔	biǎo miàn

걸어서 갈 수 있습니까?	可以走着去吗？
커이저우저취마	kě yǐ zǒu zhe qù ma

걸어서 몇 분 걸려요?	需要走几分钟？
쒸요저우지펀중	xū yào zǒu jǐ fēn zhōng

걸어서 십 분쯤 걸립니다.	需要走十分钟
쒸요저우스펀중	xū yào zǒu shí fēn zhōng

게으름뱅이 란런	懒人 lǎn rén	견본 양핀	样品 yàng pǐn
게으름을 피우다. 터우란	偷懒 tōu lǎn	견습생 찌엔시성	见习生 jiàn xí shēng
겨우 미엔챵	勉强 miǎn qiǎng	견적 꾸쟈	估价 gū jià
겨울 뚱티엔	冬天 dōng tiān	견학 찬관	参观 cān guān
겨울 방학 한쨔	寒假 hán jià	결과 지에궈	结果 jié guǒ
격렬하다. 찌리에	激烈 jī liè	결국 중쥬	终究 zhōng jiū
격언 그어옌	格言 gé yán	결근 최친	缺勤 quē qín
격월 그어웨	隔月 gé yuè	결단을 내리다. 쥐뚜안	决断 jué duàn
격일 그어르	隔日 gé rì	결론 지에룬	结论 jié lùn
견디다. 런나이	忍耐 rěn nài	결점 최디엔	缺点 quē diǎn

결과는 어떤가요?
지에궈전머양
结果怎么样？
jié guǒ zěn me yàng

결론을 내다.
쭈어추지에룬
做出结论
zuò chū jié lùn

결정하다.	决定	jué dìng
쥐띵		
결코 안가겠다.	决不去	jué bú qù
쥐부취		
결혼	结婚	jié hūn
지에훈		
결혼하다.	结婚	jié hūn
지에훈		
겸손	谦虚	qiān xū
치엔쉬		
겹치다.	叠	dié
디에		
경계하다.	警戒	jǐng jiè
징찌에		
경기	景气	jǐng qì
징치		
경기가 나쁘다.	不景气	bù jǐng qì
뿌징치		
경기가 좋다.	景气	jǐng qì
징치		
경멸하다.	轻蔑	qīng miè
칭미에		
경비	经费	jīng fèi
찡페이		
경사스럽다.	喜事	xǐ shì
시쓰		
경솔	轻率	qīng shuài
칭 솨이		
경영	经营	jīng yíng
찡잉		
경영주	经营主	jīng yíng zhǔ
찡잉주		
경원하다.	敬而远之	jìng ěr yuǎn zhī
찡얼웬즈		
경영하고 있습니다.	经营着	jīng yíng zhe
찡잉저		

결점이 없는 사람은 없다. 没有十全十美的人
메이유스치엔스메이더런 méi yǒu shí quán shí měi de rén

결코 그런 일은 없다. 绝对不会有这种事
쥐에뚜이부후이유쩌중쓰 jué duì bú huì yǒu zhè zhǒng shì

결함이 없다. 没有缺点
메이유최디엔 méi yǒu quē diǎn

경제 찡찌	经济 jīng jì
경주(운동경기) 싸이파오	赛跑 sài pǎo
경주(경상북도) 칭쩌우	庆州 qìng zhōu
경찰 징차	警察 jǐng chá
경찰관 징차관	警察官 jǐng chá guān
경치 징쓰어	景色 jǐng sè
경치가 좋군요 징쓰어미런	景色迷人 jǐng sè mí rén
경험하다. 찡리	经历 jīng lì
경의를 표하다. 뱌오쓰찡이	表示敬意 biǎo shì jìng yì
경험 없는 사람 메이유찡옌더런	没有经验的人 méi yǒu jīng yàn de rén
계산이 틀리지 않았나요? 스부스쑤안춰라	是不是算错了？ shì bu shì suàn cuò le
계약을 이행하다. 뤼싱허퉁	履行合同 lǚ xíng hé tong
곁눈 표오	瞟 piǎo
계단 찌에뚜안	阶段 jiē duàn
계산 찌쑤안	计算 jì suàn
계산해 주세요. 칭쑤안이샤	请算一下 qǐng suàn yī xia
계속하다. 찌쒸	继续 jì xù
계시다. 짜이	在 zài
계십니까? 유런마	有人吗？ yǒu rén ma
계십니다. 유	有 yǒu

계약	契约
치웨	qì yuē

계획	计划
찌화	jì huà

계획을 세우다.	定计划
띵찌화	dìng jì huà

고가도로	高架道路
까오쟈따오루	gāo jià dào lù

고급	高级
까오지	gāo jí

고기	肉
러우	ròu

고난	苦难
쿠난	kǔ nàn

고락	苦乐
쿠러	kǔ lè

고려인삼	高丽人参
까오리런선	gāo lì rén shēn

고마워요.	谢谢
씨에씨에	xiè xie

고무	橡皮
씨앙피	xiàng pí

고물	古物
구우	gǔ wù

고민하다.	苦恼
쿠나오	kǔ nǎo

고배를 마시다.	喝杯苦酒
허뻬이쿠쥬	hē bēi kǔ jiǔ

고백	表白
뱌오바이	biǎo bái

고상하다.	高尚
까오상	gāo shàng

고상한 분	高尚的人
까오상더런	gāo shàng de rén

고생	吃苦
츠쿠	chī kǔ

고등학교	高等学校
까오덩쉐쑈	gāo děng xué xiào

고생한 보람이 있다.	苦尽甘来
쿠진깐라이	kǔ jìn gān lái

고향의 맛	家乡风味
쟈샹펑워이	jiā xiāng fēng wèi

고생했다.	辛苦	고치다.	改
씬쿠	xīn kǔ	가이	gǎi

고속도로	高速公路	고향	故乡
까오수꿍루	gāo shù gōng lù	꾸썅	gù xiāng

고속버스	长途汽车	곤란	困难
창투치처	cháng tú qì chē	쿤난	kùn nan

고심	苦心	곤혹하다	困惑
쿠씬	kǔ xīn	쿤후어	kùn huò

고아	孤儿	곧 갑니다.	就去
꾸얼	gū ér	쮸취	jiù qù

고양이	猫	곧 오십시오.	请光临
마오	māo	칭꾸앙린	qǐng guāng lín

고용인	雇员	골목	胡同
꾸웬	gù yuán	후퉁	hú tòng

고용주	雇主	골짜기	峡谷
꾸주	gù zhǔ	샤구	xiá gǔ

고용하다.	雇用	곰	熊
꾸융	gù yòng	슝	xióng

고장	故障	곰팡이	霉
꾸짱	gù zhàng	메이	méi

고집을 부리다.	固执	곰팡이가 피다.	起毛
꾸즈	gù zhí	치모	qǐ máo

고집쟁이	老顽固	공겸롭게	正好
라오완꾸	lǎo wán gù	정하오	zhèng hǎo

공격	攻击	공업	工业
꿍지	gōng jī	꿍이에	gōng yè

공군 空军
쿵쮠 kōng jūn

공원 公园
꿍외엔 gōng yuán

공기 空气
쿵치 kōng qì

공장 工厂
꿍창 gōng chǎng

공무원 公务员
꿍우외엔 gōng wù yuán

공중 목욕탕 澡堂
자오탕 zǎo táng

공부 学习
쉐시 xué xí

공항 机场
찌창 jī chǎng

공부하고 있다. 在学习
짜이쉐시 zài xué xí

과거 过去
꿔취 guò qù

공상 空想
쿵샹 kōng xiǎng

과대 평가 过奖
꾸어쟝 guò jiǎng

곤드레 만드레로 취했다. 酩酊大醉
밍딩따쭈이 míng dǐng dà zuì

곧 돌아오겠습니다. 马上回来
마쌍후이라이 mǎ shàng huí lai

곧 시작합니다. 马上就开始
마쌍쮸카이스 mǎ shàng jiù kāi shǐ

곧장 가면 됩니까? 一直走,就是吗?
이즈저우쮸스마 yī zhí zǒu jiù shì ma

공중전화 公用电话
꿍융띠엔화 gōng yòng diàn huà

과로 꿔뚜피라오	过度疲劳 guò dù pí láo	관록 워이앤	威严 wēi yán
과실 꿔스	过失 guò shī	관리 구안리	管理 guǎn lǐ
과연 궈란	果然 guǒ rán	관리인 구안리런	管理人 guǎn lǐ rén
과일 수이궈	水果 shuǐ guǒ	관리하다. 찡잉	经营 jīng yíng
과학 크어쉐	科学 kē xué	관심이 없다. 뭐뿌꾸안씬	漠不关心 mò bù guān xīn
관계 꾸안시	关系 guān xì	관청 꾸안팅	官厅 guān tīng
관광 꾸안광	观光 guān guāng	괄호 쿠어후	括弧 kuò hú
관광객 꾸안광커	观光客 guān guāng kè	광경 칭징	情景 qíng jǐng
관례 꾸안리	惯例 guàn lì	광고 구앙까오	广告 guǎng gào

과연 당신 말대로다.
궈란부추쉬옌
果然不出所言
guǒ rán bù chū suǒ yán

관광 안내소
꾸안광뤼유푸우타이
观光旅游服务台
guān guāng lǚ yóu fú wù tái

관광 여행
꾸안광뤼싱
观光旅行
guān guāng lǚ xíng

| 광내다. | 发光 | 교대 | 交代 |
| 파꾸앙 | fā guāng | 죠따이 | jiāo dài |

| 광선 | 光线 | 교대하다. | 替换 |
| 꾸앙씨엔 | guāng xiàn | 티후안 | tì huàn |

| 괴씸하다. | 可悟 | 교묘하게 속이다. | 哄骗 |
| 커우 | kě wù | 홍피엔 | hǒng piàn |

| 괜찮습니다. | 没关系 | 교섭 | 交涉 |
| 메이꾸안시 | méi guān xì | 죠스어 | jiāo shè |

| 괜찮아요 | 没关系 | 교실 | 教室 |
| 메이꾸안시 | méi guān xì | 죠스 | jiào shì |

| 괜찮으시면 | 不要紧 | 교양 | 教养 |
| 부야오진 | bú yào jǐn | 죠양 | jiào yǎng |

| 괴로움 | 痛苦 | 교외 | 郊外 |
| 통쿠 | tòng kǔ | 죠와이 | jiāo wài |

| 괴로워하다. | 不舒服 | 교육 | 教育 |
| 뿌수푸 | bù shū fu | 죠위 | jiào yù |

| 괴롭다. | 难过 | 교제 | 交际 |
| 난꿔 | nán guò | 죠지 | jiāo jì |

| 괴롭히다. | 难过 | 교제하다. | 交往 |
| 난꿔 | nán guò | 죠왕 | jiāo wǎng |

| 괴짜 | 怪东西 | 교제하지 않다. | 不来往 |
| 꽈이둥시 | guài dōng xī | 뿌라이왕 | bù lái wǎng |

| 굉장하다. | 宏伟 | 교차로 | 交差点 |
| 훙웨이 | hóng wěi | 죠차디엔 | jiāo chā diǎn |

교태를 부리다.	撒娇
싸쟈오	sā jiāo

교통비	交通费
쟈오퉁페이	jiāo tōng fèi

교활하다.	狡猾
쟈오후아	jiǎo huá

교회	教会
쟈오후이	jiào huì

구경하다.	观看
꾸안칸	guān kàn

구두	口头
커우터우	kǒu tóu

구두쇠	吝啬鬼
린스어구의	lìn sè guǐ

구름	云
윈	yún

구리다.	臭
처우	chòu

구멍	洞
뚱	dòng

구부리다.	弯曲
완취	wān qū

구석	角落
쟈오뤄	jiǎo luò

구실	借口
찌에커우	jiè kǒu

구하다.	救
쥬	jiù

국	汤
탕	tāng

국군묘지	国军墓地
궈쥔무띠	guó jūn mù dì

국내선	国内线
궈내이씨엔	guó nèi xiàn

국민	国民
궈민	guó mín

괜찮습니까?
부야오진바

不要紧吧?
bú yào jǐn ba

굉장한 바람이군요.
하오따더펑

好大的风
hǎo dà de fēng

교통이 편하다.
쟈오퉁삐엔리

交通便利
jiāo tōng biàn lì

국민성	国民性	굴뚝	烟筒
궈민씽	guó mín xìng	옌퉁	yān tǒng

국번	电话号	굴리다.	滚
띠엔화하오	diàn huà hào	구운	gǔn

국보	国宝	굵다.	粗
궈바오	guó bǎo	추	cū

국수	面条	굶주리다.	饥饿
미엔툐	miàn tiáo	찌어	jī è

국수 종류	面类	굽다.	烤
미엔레이	miàn lèi	카오	kǎo

국적	国籍	권력	权力
궈지	guó jí	최엔리	quán lì

국제선	国际线	권리	权利
궈찌씨엔	guó jì xiàn	최엔리	quán lì

국화	菊花	권위	权威
쥐화	jú huā	최엔워이	quán wēi

군인	军人	권위 의식	权威意识
찌원런	jūn rén	최엔워이스	quán wēi yì shi

굳어지다.	坚定	권유 당하다.	规劝
찌엔딩	jiān dìng	꾸이최엔	guī quàn

국내선 타는 곳은 어디입니까?   国内线在哪儿？
궈내이씨엔짜이날   guó nèi xiàn zài nǎr

국립 박물관   国立博物馆
궈리버우구안   guó lì bó wù guǎn

권유하다. 취엔유	劝诱 quàn yòu	귀찮은 일 마판스	麻烦事 má fán shì
권하다. 취엔	劝 quàn	규칙 꾸이저	规则 guī zé
귀 얼뚜어	耳朵 ěr duō	균형 쥔헝	均衡 jūn héng
귀걸이 얼환	耳环 ěr huán	그건 곤란하다. 페이찐	费劲 fèi jìn
귀신 구이	鬼 guǐ	그건 그렇다. 나따오스	那到是 nà dào shì
귀여워하다. 충아이	宠爱 chǒng ài	그건 안돼요. 뿌커이	不可以 bù kě yǐ
귀엽다. 커아이	可爱 kě ài	그 것 나거	那个 nà ge
귀지개 얼싸오	耳搔 ěr sāo	그것만 쮸요내이거	就要那个 jiù yào nèi ge
귀찮다. 판	烦 fán	그것말고 부스내이거	不是那个 bú shì nèi ge

귀중품
꾸이쭝우핀
贵重物品
guì zhòng wù pǐn

규칙적인 생활이 건강에 좋습니다.
规律的生活有益于健康
구이뤼더성훠유이위찌엔캉
guī lǜ de shēng huó yǒu yì yú jiàn kāng

그것 뿐	就那些
쮸내이씨에	jiù nèi xiē

그 다음	然后
란허우	rán hòu

그거 안됐군요.	真可惜
전커시	zhēn kě xī

그것은 다행이군요.	多亏
뚜어쿠이	duō kuī

그날 뵙겠습니다.	就那天吧
쮸내이티엔바	jiù nèi tiān ba

그 뒤	从那以后
충나이허우	cóng nà yǐ hou

그들	他们
타먼	tā men

그래	好
하오	hǎo

그래도 좋다.	那也好
나예하오	nà yě hǎo

그래서	所以
쉬이	suǒ yǐ

그러나	但是
딴스	dàn shì

그러니까	因此
인츠	yīn cǐ

그러면	那么
나머	nà me

그럭저럭	凑合
처우허	còu he

그런데도	可是
커스	kě shì

그런데	可是
커스	kě shì

그럴지도 모른다.	说不准
쉬뿌주운	shuō bù zhǔn

그렇게	那么
나머	nà me

그렇게 생각한다.	那么想
나머샹	nà me xiǎng

그렇게 하다.	那么做
나머쭈어	nà me zuò

그렇게 하시오.	那么做吧
나머쭈어바	nà me zuò ba

그렇게 합시다.	那么做吧
나머쭈어바	nà me zuò ba

그렇다고 하더라도	即使那样
지스나양	jí shǐ nà yàng

그렇습니다	是的
쓰더	shì de

그건 너무 심하다. 타이꾸어펀러	太过分了 tài guò fèn le
그건 너무합니다. 타이꾸어펀러	太过分了 tài guò fèn le
그건 오해입니다. 나쓰거우후이	那是个误会 nà shì ge wù huì
그건 틀립니다. 나쓰거추어우	那是个错误 nà shì ge cuò wù
그것으로 하겠습니다. 쮸내의거바	就那个吧 jiù nèi ge ba
그것말고 다른것은 없나요? 추러쩌이거 하이유비에더마	除了这个, 还有别的吗? chú le zhèi ge hái yǒu bié de ma
그것을 주세요. 칭게이워내이거	请给我那个 qǐng gěi wǒ nèi ge
그것은 무엇입니까? 나스선머	那是什么? nà shì shén me
그것은 어디에 있습니까? 내이거짜이날	那个在哪儿? nèi ge zài nǎr
그곳에서 뵙겠습니다. 쮸짜이날찌엔바	就在那儿见吧 jiù zài nàr jiàn ba
그냥 가버리다. 쮸나머저우러	就那么走了 jiù nà me zǒu le
그냥 끝나버렸다. 쮸나머지에쑤러	就那么结束了 jiù nà me jié shù le

그때뿐
즈유나스허우
只有那时候
zhǐ yǒu nà shí hou

그 때에는 잘 부탁합니다.
또스허우쮸빠이투어닌러
到时候就拜托您了
dào shí hou jiù bài tuō nín le

그동안 별고 없으셨습니까?
비에라이우양
别来无恙？
bié lái wú yàng

그동안 폐를 끼쳤습니다.
게이닌티엔마판러
给您添麻烦了
gěi nín tiān má fan le

그동안 평안하셨습니까?
비에라이우양
别来无恙？
bié lái wú yàng

그래, 그것이 좋겠다.
뚜이 쯔저양바
对，就这样吧
duì jiù zhè yàng ba

그러면 실례하겠습니다.
뚜이부치, 스페이러
对不起，失陪了
duì bù qǐ shī péi le

그러면 안됩니다.
나커뿌싱
那可不行
nà kě bù xíng

그런 말하지마.
비에쉬나중화
别说那种话
bié shuō nà zhǒng huà

그런데 안되는데요.
커스 뿌싱아
可是，不行啊
kě shì bù xíng a

그런데 지금부터 어떡할까요?
나 씨엔짜이까이전머빤
那，现在该怎么办？
nà xiàn zài gāi zěn me bàn

그런 일은 없습니다.
메이유나중써얼
没有那种事儿
méi yǒu nà zhǒng shìr

그렇지만 딴쓰	但是 dàn shì	그림 그리기 화화	画画 huà huà
그렇잖아도 예	也 yě	그림 엽서 밍씬피엔	明信片 míng xìn piàn
그릇 치쮜	器具 qì jù	그림자 잉즈	影子 yǐng zi
그리고 하이유	还有 hái yǒu	그립다. 화이니엔	怀念 huái niàn
그리다. 화	画 huà	그만두게 하다. 랑…빠씨우	让…罢休 ràng bà xiū
그리워하다. 쓰니엔	思念 sī niàn	그만둬. 쑤안러	算了 suàn le
그림 투화	图画 tú huà	그 만큼 나씨에	那些 nà xiē

그런 일이 있습니까?
유나중썰마
有那种事儿吗？
yǒu nà zhǒng shìr ma

그럼 또 만납시다.
허우후이유치
后会有期
hòu huì yǒu qī

그럼 모쪼록 몸조심 하세요.
칭뚜어보중선티
请多保重身体
qǐng duō bǎo zhòng shēn tǐ

그럼 할 수 없다.
나커주어뿌료
那可做不了
nà kě zuò bù liǎo

그렇게 자주 올 수 없어요.
뿌넝창라이러
不能常来了
bù néng cháng lái le

| 그 사람 | 那个人 | 글라스 | 玻璃杯 |
| 내이거런 | nèi ge rén | 버리뻬이 | bō li bēi |

| 그야말로 | 简直 | 글쎄요. | 是啊 |
| 지엔즈 | jiǎn zhí | 스아 | shì a |

| 그저께 | 前天 | 글자 | 文字 |
| 치엔티엔 | qián tiān | 원쯔 | wén zì |

| 그저께 밤 | 前天夜里 | 긁다. | 挠 |
| 치엔티엔예리 | qián tiān yè li | 나우 | náo |

| 그중에는 | 其中 | 금 | 金 |
| 치중 | qí zhōng | 찐 | jīn |

| 극장 | 剧场 | 금반지 | 金戒指 |
| 쮜창 | jù chǎng | 찐찌에즈 | jīn jiè zhǐ |

| 근대적 | 近代的 | 금방 | 刚才 |
| 찌인따이더 | jìn dài de | 깡차이 | gāng cái |

| 근면 | 勤勉 | 금붕어 | 金鱼 |
| 친미엔 | qín miǎn | 진위 | jīn yú |

| 근성 | 根性 | 금연 | 禁止吸烟 |
| 껀씽 | gēn xìng | 찐즈씨옌 | jìn zhǐ xī yān |

| 근시 | 近视 | 금연석 | 禁烟席 |
| 찐스 | jìn shì | 찐옌시 | jìn yān xí |

| 근심 | 担心 | 금지 | 禁止 |
| 딴신 | dān xīn | 찐즈 | jìn zhǐ |

| 근처 | 附近 | 금지 구역 | 禁区 |
| 푸찐 | fù jìn | 찐취 | jìn qū |

금주	这(一)周
쩌이저우	zhè yī zhōu

급병	急性病
지씽삥	jí xìng bìng

급한 일로 나가다.	着急出去
짜오지추취	zhāo jí chū qù

급행	快车
콰이처	kuài chē

급히	急
지	jí

기가 막히다.	气人
치런	qì rén

기가 죽다.	气馁
치내이	qì něi

기계	机械
지씨에	jī xiè

그렇다면 곤란하다.	那样就难了
나양쮸난러	nà yàng jiù nán le

그렇지 않습니다.	不是这样的
부스쩌양더	bú shì zhè yàng de

그리 멀지 않습니다.	不太远
부타이외엔	bú tài yuǎn

그 수단에는 안 넘어간다.	不上那个当
부상내이거땅	bú shàng nà ge dàng

그 애한테는 못 당한다.	比不过那个孩子
비부꿔내이거하이즈	bǐ bú guò nèi ge hái zi

그쪽은 아닌 것 같다.	好像不是那边
하오샹부스나비엔	hǎo xiàng bú shì nà biān

그 후에는 만난 일이 없다.	从那以后没见过
충나이허우 메이찌엔꿔	cóng nà yǐ hòu méi jiàn guò

근무가 끝나면 와 주세요.	下班后请过来一趟
샤반허우칭꿔라이이탕	xià bān hou qǐng guò lái yī tàng

| 기념 찌니엔 | 记念 jì niàn | 기분 나쁘다. 신칭뿌하오 | 心情不好 xīn qíng bù hǎo |

기다. 파 — 爬 pá

기다려 주십시오. 칭싸오덩 — 请稍等 qǐng shāo děng

기다리다. 덩따이 — 等待 děng dài

기대를 갖게 하다. 게이위치왕 — 给予期望 gěi yù qī wàng

기대에 어긋나다. 꾸푸치왕 — 辜负期望 gū fù qī wàng

기도하다. 치다오 — 祈祷 qǐ dǎo

기둥 뚱량 — 栋梁 dòng liáng

기러기 따옌 — 大雁 dà yàn

기르다. 쓰양 — 饲养 sì yǎng

기름 유 — 油 yóu

기분 치펀 — 气氛 qì fēn

기분을 내다. 다치징선 — 打起精神 dǎ qǐ jīng shén

기분이 변하다. 삐엔칭쉬 — 变情绪 biàn qíng xù

기다리고 있겠습니다. 덩저 — 等着 děng zhe

기대한대로 되다. 부푸중왕 — 不负重望 bú fù zhòng wàng

기분이 좋다. 신칭부춰 — 心情不错 xīn qíng bú cuò

기뻐하고 있습니다. 헌까오싱 — 很高兴 hěn gāo xìng

기쁘게 하다. 신시뤄쾅 — 欣喜若狂 xīn xǐ ruò kuáng

기쁘다. 위콰이 — 愉快 yú kuài

기사 찌루 — 记录 jì lù

기술 찌수 — 技术 jì shù

기술자 찌스 — 技师 jì shī

기억 찌이	记忆 jì yì	기침이 나다. 로커서우	老咳嗽 lǎo ké sòu
기억력 찌이리	记忆力 jì yì lì	기회 지후이	机会 jī huì
기억하고 있다. 찌주	记注 jì zhù	기후 치허우	气候 qì hòu
기억하다. 찌	记 jì	긴 이야기 창화	长话 cháng huà
기와 와	瓦 wǎ	길 따오	道 dào
기운이 나다. 유찐터우	有劲头 yǒu jìn tóu	길다. 창	长 cháng
기울다. 칭시에	倾斜 qīng xié	길을 잃다. 미루	迷路 mí lù
기침 커서우	咳嗽 ké sòu	김치 파오차이	泡菜 pào cài

기는 놈 위에 나는 놈이 있다. 人外有人, 山外有山
런와이유런산와이유산　　rén wài yǒu rén shān wài yǒu shān

기다리게 해서 죄송합니다. 对不起, 让您久等了
뚜이부치랑닌쥬덩러　　duì bù qǐ ràng nín jiǔ děng le

김선생님 계십니까? 金先生在吗?
진씨엔성짜이마　　jīn xiān sheng zài ma

김선생님 아니십니까? 是金先生吗?
스진씨엔성마　　shì jīn xiān sheng ma

깃발	旗
치	qí

깊다.	深
선	shēn

까마귀	乌鸦
우야	wū yā

까불다.	淘气
타오치	táo qì

까불지마.	别淘气
비에타오치	bié táo qì

깔보다.	轻视
칭스	qīng shì

깜짝 놀라다.	吓一跳
샤이툐	xià yī tiào

깨닫다.	觉悟
죄우	jué wù

깨우세요.	叫醒
죠싱	jiào xǐng

깨워주세요.	请叫醒
칭죠싱	qǐng jiào xǐng

깨지다.	打破
다프어	dǎ pò

기분이 좋아지다.	情绪愉快
칭쒸위콰이	qíng xù yú kuài

기분이 좋지 않다.	情绪不好
칭쒸뿌하오	qíng xù bù hǎo

꺼꾸로다.	倒了
따오러	dào le

꺼림칙하다.	不安
뿌안	bù ān

꺽다.	掐
챠	qiā

~까지 얼마지요?	到~多少钱?
또~ 뚜어사오치엔	dào duō shǎo qián

깍아주세요.	请给削点
칭게이쇼디엔	qǐng gěi xiāo diǎn

깨다(그릇 등을).	打破(盘子)
다프어(판즈)	dǎ pò (pán zi)

깨다(술, 잠 등을).	醒(酒, 觉等)
싱(쥬, 죠덩)	xǐng (jiǔ jiào děng)

껍질	皮	꽃	花
피	pí	화	huā

꼬시다.	挑逗	꽃이 피다.	开花
인유	tiāo dòu	화카이	kāi huā

꼬집다.	掐	꽤	相当
챠	qiā	샹당	xiāng dāng

꼭	一定	꽤 어렵다.	相当难
이띵	yī dìng	샹당난	xiāng dāng nán

꼭 끼다(옷이).	衣服太紧	꽤 하는데.	很不错
이푸타이진	yī fu tài jǐn	헌부추어	hěn bú cuò

꼭 닮다.	长的像	꾀꼬리	黄鹂
장더샹	zhǎng de xiàng	황리	huáng lí

꼭대기	顶尖	꾀병	装病
딩지엔	dǐng jiān	쭈앙삥	zhuāng bìng

꼭 올꺼에요.	一定来	꾸짖다	责备
이띵라이	yī dìng lái	즈어뻬이	zé bèi

꼭 닮은 아기   长的像的小孩
장더샹더샤오하이   zhǎng de xiàng de xiǎo hái

꼭 끼어서 들어가지 않는다.   太紧进不去
타이진찐부취   tài jǐn jìn bú qù

꼭 오시겠습니까?   肯定来吗?
컨띵라이마   kěn dìng lái ma

꼼짝말고 가만히 있으세요.   别动, 好好呆着
비에뚱하오하오따이저   bié dòng hǎo hǎo dāi zhe

꿈	梦	끓는 물	开水
멍	mèng	카이수이	kāi shuǐ
꿈을 꾸다.	做梦	끓이다.	烧
쭈어멍	zuò mèng	싸오	shāo
꿩	野鸡	끝	终
예찌	yě jì	중	zhōng
꿰메다.	缝	끝까지	最后
펑	féng	쭈이허우	zuì hòu
끄다.	灭	끝나다.	结束
미에	miè	지에수	jié shù
끈	绳子	끝납니까?	结束吗？
성즈	shéng zi	지에수마	jié shù ma
끈기	耐性	끝났습니까?	完了吗？
나이싱	nài xìng	완러마	wán le ma
끌리다.	吸引	끝이 없다.	无限
시인	xī yǐn	우씨엔	wú xiàn
끌어 당기다.	拉拢	끼우다.	夹
라룽	lā lǒng	쟈	jiā

꿈에서도 잊을 수 없는　　在梦中也不能忘记
리엔멍중예뿌넝왕지　zài mèng zhōng yě bù néng wàng jì

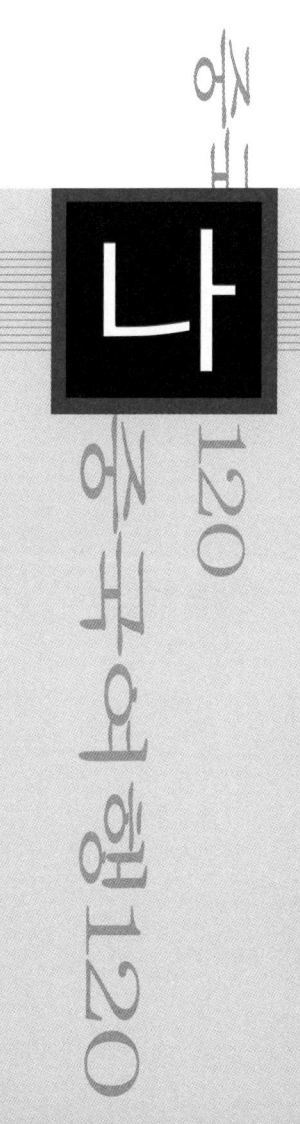

나	我	나쁜 사람	坏人
워	wǒ	화이런	huài rén

나누다.	分	나비	蝴蝶
펀	fēn	후디에	hú dié

나는 못한다.	我不行	나오기 전에	出来以前
워뿌싱	wǒ bù xíng	추라이이치엔	chū lai yǐ qián

나라	祖国	나오지 않다.	不出来
주궈	zǔ guó	뿌추라이	bù chū lai

나른하다.	乏力	나온다.	出来了
파리	fá lì	추라이러	chū lai le

나무	树木	나이	年龄
쑤무	shù mù	니엔링	nián líng

나뭇가지	树枝	나중에	回头
쑤즈	shù zhī	후이터우	huí tóu

나사	螺丝	나중에 만납시다.	回头见
루어스	luó sī	후이터우찌엔	huí tóu jiàn

난방	供暖	낙관	乐观
궁누안	gōng nuǎn	러관	lè guān

나빠지고 있다.	在变坏	낙제	不及格
짜이삐엔화이	zài biàn huài	뿌지거	bù jí gé

나쁘다.	坏	낙타	骆驼
화이	huài	루어투어	luò tuo

나쁜 놈에게 희생되다.	被坏人打伤而牺牲
뻬이화이런다쌍얼씨성	bèi huài rén dǎ shāng ér xī shēng

낚다.	钓
띠오	diào

낚시	钓鱼
띠오위	diào yú

난처하다.	为难
워이난	wéi nán

난폭	粗暴
추빠오	cū bào

난폭하다.	粗暴
추빠오	cū bào

난폭하게 굴다.	行为粗暴
싱워이추빠오	xíng wéi cū bào

날개	翅膀
츠방	chì bǎng

날다.	飞
페	fēi

날씨	天气
티엔치	tiān qì

날씬하다.	苗条
묘툐	miáo tiao

날치기	行骗
싱피엔	xíng piàn

낡다.	旧
쥬	jiù

남(방향)	南
난	nán

남(다른사람)	他人
타런	tā rén

남기다.	留下
류샤	liú xià

남다.	剩
썽	shèng

나에게는 안 맞는다.	对我不合适
뚜이워뿌허스	duì wǒ bù hé shì

나중에 다시 오겠습니다.	会再来的
후이짜이라이더	huì zài lái de

나중에 오십시오.	以后再来吧
이허우짜이라이바	yǐ hòu zài lái ba

나중에 전화 주십시오.	回头再打个电话
후이터우짜이다거띠엔화	huí tóu zài dǎ ge diàn huà

남동생 띠디	弟弟 dì di
남부 난뿌	南部 nán bù
남성 난씽	男性 nán xìng
남용 란융	滥用 làn yòng
남자 난	男 nán
남자 친구 난펑유	男朋友 nán péng you
남편 짱푸	丈夫 zhàng fu
납득할 수 없다. 뿌넝리지에	不能理解 bù néng lǐ jiě
낫다. 하오	好 hǎo
낭비 랑페이	浪费 làng fèi
낭패하다. 랑뻬이	狼狈 láng bèi
낮 저우	昼 zhòu
낮다. 띠	低 dī
낮잠 우수이	午睡 wǔ shuì
낳다 성찬	生产 shēng chǎn
내기 두	赌 dǔ
내년 라이니엔	来年 lái nián
내다. 파	发 fā

낡은 생각
천쥬더샹파
陈旧的想法
chén jiù de xiǎng fǎ

남을 헐뜯다.
쭝샹비에런
中伤别人
zhòng shāng bié ren

남의 이야기를 하다.
쟝비에런더꾸스
讲别人的故事
jiǎng bié ren de gù shi

내려다보다. 푸스	俯視 fǔ shì
내리다. 샤	下 xià
내리다(비). 샤(위)	下(雨) xià(yǔ)
내버리다. 렁	扔 rēng
내버려두다. 팡런	放任 fàng rèn
내복 내이이	内衣 nèi yī
내성적 내이샹	内向 nèi xiàng
내용 내이룽	内容 nèi róng
내일 밍르	明日 míng rì
냄새 웨얼	味儿 wèir
냄새가 나다. 유웨얼	有味儿 yǒu wèir
냄새를 맡다. 원웨얼	闻味儿 wén wèir
냉담 렁딴	冷淡 lěng dàn
냉방 렁치	冷气 lěng qì
냉수 렁수이	冷水 lěng shuǐ
냉장고 렁쿠	冷库 lěng kù
냉정 렁찡	冷静 lěng jìng
너 니	你 nǐ

내일 또 만나요.
밍티엔짜이지엔
明天再见
míng tiān zài jiàn

내일 일본으로 돌아갑니다.
밍티엔후이르번
明天回日本
míng tiān huí rì běn

냉수를 주십시오.
칭게이이베이량수이
请给一杯凉水
qǐng gěi yī bēi liáng shuǐ

너무하군요. 타이꿔펀러	太过分了 tài guò fèn le	넘어 간다. 요다오	要倒 yào dǎo
너무하다. 꿔펀	过分 guò fèn	넘어지다. 디에다오	跌倒 diē dǎo
너무 많습니다. 타이뚸러	太多了 tài duō le	넘쳐흐르다. 충만	充满 chōng mǎn
너무 작습니다. 타이쇼러	太小了 tài xiǎo le	넣다. 팡루	放入 fàng rù
넋 링훈	灵魂 líng hún	네, 그렇습니다. 스더스더	是的, 是的 shì de shì de
넋을 놓고 있다. 듀러후을	丢了魂儿 diū le húnr	넷 스	四 sì
넓다. 쿠안	宽 kuān	노동 라오똥	劳动 láo dòng
넓히다. 쿠어따	扩大 kuò dà	노랑 황쓰어	黄色 huáng sè

너무 늦기 전에 돌아갑시다. 　　　　再晚以前早点儿回去吧
짜이완이치엔조디엘후이취바
　　　　　　　　　　zài wǎn yǐ qián zǎo diǎnr huí qù ba

너무 술을 마셔서 안됩니다. 　　　　喝得太多可不行啊
허더타이뚸커뿌싱아　　　　hē de tài duō kě bù xíng a

너무 짧지 않게 해주세요. 　　　　　　不要做太咸了
부야오쭈어타이시엔러　　　bú yào zuò tài xián le

한국어	발음	중국어	병음
노래 부르다.	창거	唱歌	chàng gē
노력	누리	努力	nǔ lì
노력하겠습니다.	후이누리더	会努力的	huì nǔ lì de
노련	라오리엔	老练	lǎo liàn
노리다.	주스	注视	zhù shì
노인	라오런	老人	lǎo rén
노출	러우추	露出	lòu chū
노후	라오허우	老后	lǎo hòu
녹다.	룽화	融化	róng huà
녹색	뤼쓰어	绿色	lǜ sè
녹음	루인	录音	lù yīn
녹화	루샹	录像	lù xiàng
논	수이티엔	水田	shuǐ tián
논리	루어지	逻辑	luó ji
논리가 틀리다.	루어지춰우	逻辑错误	luó ji cuò wù
논설	핑룬	评论	píng lùn
논쟁	쩡룬	争论	zhēng lùn
논평	룬핑	论评	lùn píng

노래를 부릅시다.
이치창거바
一起唱歌吧
yī qǐ chàng gē ba

놀아도 됩니까?
커이왈마
可以玩儿吗？
kě yǐ wánr ma

놀러 가고 싶어요.
샹취왈
想去玩儿
xiǎng qù wánr

| 놀고 싶다. | 想玩儿 | 농후 | 浓厚 |
| 샹왈 | xiǎng wánr | 눙허우 | nóng hòu |

| 놀다. | 玩儿 | 놓아주다. | 放走 |
| 왈 | wánr | 팡저우 | fàng zǒu |

| 놀라게 하다. | 使…吃惊 | 누가 봐. | 有人看 |
| 스…츠징 | shǐ chī jīng | 유런칸 | yǒu rén kàn |

| 놀라다. | 惊讶 | 누구세요? | 是谁 |
| 징야 | jīng yà | 스세이 | shì shéi |

| 놀라지마. | 不要吃惊 | 누나 | 姐姐 |
| 부야오츠징 | bú yào chī jīng | 지에지에 | jiě jie |

| 놀러 갈께요. | 会去玩儿的 | 누더기 | 破衣服 |
| 후이취왈더 | huì qù wánr de | 프어이푸 | pò yī fu |

| 놀러 갑시다. | 去玩儿去吧 | 누르다. | 压 |
| 취왈취바 | qù wánr qù ba | 야 | yā |

| 놀리다. | 捉弄 | 누설하다. | 泄漏 |
| 주어눙 | zhuō nòng | 씨에러우 | xiè lòu |

| 놀아도 됩니다. | 可以玩儿 | 누전 | 漏电 |
| 커이왈 | kě yǐ wánr | 러우띠엔 | lòu diàn |

| 농가 | 农家 | 눈(하얀 눈) | 雪 |
| 눙쟈 | nóng jiā | 쇠 | xuě |

| 농담 | 玩笑 | 눈(시각 기관) | 眼睛 |
| 완쇼 | wán xiào | 옌징 | yǎn jing |

| 농업 | 农业 | 눈까풀 | 眼皮 |
| 눙예 | nóng yè | 옌피 | yǎn pí |

나

47

| 노래를 부르세요. | 唱个歌吧 |
| 창거끄어바 | chàng ge gē ba |

| 눈꼽 | 眼屎 |
| 옌스 | yǎn shǐ |

| 눈물 | 眼泪 |
| 옌레이 | yǎn lèi |

| 눈물을 흘리다. | 流泪 |
| 류레이 | liú lèi |

| 눈보라 | 风雪 |
| 펑쉐 | fēng xuě |

| 눈부시다. | 耀眼 |
| 야오옌 | yào yǎn |

| 눈썹 | 眉毛 |
| 메이마오 | méi mao |

| 눈에 띄다. | 进人眼中 |
| 찐루옌중 | jìn rù yǎn zhōng |

| 눈이 오다. | 下雪 |
| 씨아쇠 | xià xuě |

| 눈치가 빠르다. | 机灵 |
| 지링 | jī ling |

| 눌러보다 | 耐心地看 |
| 나이신더칸 | nài xīn de kàn |

| 놀러 오십시오. | 来玩儿吧 |
| 라이왈바 | lái wánr ba |

| 눕다. | 躺 |
| 탕 | tǎng |

| 느긋하게 | 不紧不慢 |
| 뿌진뿌만 | bù jǐn bú màn |

| 누가 나를 찾아왔습니까? | 是有人来找我吗？ |
| 스유런조워라이마 | shì yǒu rén lái zhǎo wǒ ma |

| 누구라도 괜찮아요. | 是谁都没关系 |
| 스세이떠우메이관시 | shì shéi dōu méi guān xì |

| 누구에게도 결점은 있다. | 谁都有缺点 |
| 세이떠우유최에디엔 | shéi dōu yǒu quē diǎn |

| 누구에게도 보이지 않는다. | 谁都不给看 |
| 세이떠우뿌게이칸 | shéi dōu bù gěi kàn |

| 누구에게 받았어요? | 在谁那儿收的？ |
| 짜이세이날서우더 | zài shéi nàr shōu de |

느긋하다. 유란	悠然 yōu rán	늙어 보이다. 시엔라오	显老 xiǎn lǎo
느끼다. 간죄	感觉 gǎn jué	능률 쇼뤼	效率 xiào lǜ
느낌이 없다. 메이유간죄	没有感觉 méi yǒu gǎn jué	능숙하시네요. 수리엔	熟练 shú liàn
느리다. 만	慢 màn	능숙한 응대 뚜이다루류	对答如流 duì dá rú liú
느림보 만씽즈	慢性子 màn xìng zi	늦다. 만	慢 màn
느릿느릿 만만더	慢慢地 màn man de	늦더라도 지스츠따오	即使迟到 jí shǐ chí dào
늑대 랑	狼 láng	늦었습니다. 완러	晚了 wǎn le
늘리다. 정쟈	增加 zēng jiā	늦잠꾸러기 란수이충	懒睡虫 lǎn shuì chóng
늘어지다. 비엔창	变长 biàn cháng	늦잠자다. 수이란죠	睡懒觉 shuì lǎn jiào

느낍니까?
간죄더따오마

感觉得到吗？
gǎn jué de dào ma

늦는 일이 있습니다.
인썰커넝야오완따오

因事儿可能要晚到
yīn shìr kě néng yào wǎn dào

늦어도 기다려 주세요.
부지엔부싼

不见不散
bú jiàn bú sàn

늦어서 미안합니다. 对不起, 迟到了
뚜이부치츠따오러 duì bù qǐ chí dào le

늦을지도 모르겠습니다. 恐怕会迟到
쿵파후이츠따오 kǒng pà huì chí dào

한국어	한자	한국어	한자
다녀오겠습니다. 저우라	走啦 zǒu la	다시 하다. 충쭈어	重做 chóng zuò
다녀왔습니다. 후이라이라	回来啦 huí lai la	다음 란허우	然后 rán hòu
다르다. 뿌이양	不一样 bù yī yàng	다음달 샤거웨	下个月 xià ge yuè
다른 곳에서 짜이비에추	在别处 zài bié chù	다음주 샤저우	下周 xià zhōu
다리(교량) 쵸	桥 qiáo	다음해 라이니엔	来年 lái nián
다리(인체 하반부) 투이	腿 tuǐ	다이아몬드 쭈안스	钻石 zuàn shí
다방 차관	茶馆 chá guǎn	다치다. 펑	碰 pèng
다섯 우	五 wǔ	다툼 쩡초	争吵 zhēng chǎo
다시 충신	重新 chóng xīn	다 팔렸다. 마이완	卖完 mài wán
다시 만나다. 짜이후이	再会 zài huì	다하다. 쭈어완	做完 zuò wán

다 할 수가 없다.
뿌커녕쭈어완

不可能做完
bù kě néng zuò wán

다시 한번 말씀해 주세요.
칭짜이쉬이비엔

请再说一遍
qǐng zài shuō yī biàn

닥치는대로	事到临头	shì dào lín tóu
스따오린터우		
닦다.	擦	cā
차		
단골손님	常客	cháng kè
창크어		
단념	断念	duàn niàn
뚜안니엔		
단념하다.	绝念	jué niàn
쥐니엔		
단지	坛子	tán zi
탄즈		
단체	团体	tuán tǐ
투안티		
단추를 달다.	缝扣子	féng kòu zi
펑커우즈		
단풍	枫叶	fēng yè
펑예		
단숨에 마시기	一口喝下去	yī kǒu hē xià qù
이커우허샤취		
단정치 못하다.	不够端正	bú gòu duān zhèng
부꺼우뚜안정		
닳고 닳은 여자	磨破嘴皮的女人	mó pò zuǐ pí de nǚ rén
뭐푸어주이피더뉘런		
단 한 개	只有一个	zhǐ yǒu yī ge
즈유이거		
단 한번만	只有一次	zhǐ yǒu yī cì
즈유이츠		
닫다.	关	guān
관		
달러	美元	měi yuán
메이웬		
달라 붙다.	扑上去	pū shàng qù
푸상취		
달래다.	安慰	ān wèi
안워이		
달리다.	跑	pǎo
파오		
담배를 피우십니까?	抽烟吗？	chōu yān ma
처우옌마		
담배를 피웁니다.	抽	chōu
처우		

닭 지	鸡 jī	담요 마오탄	毛毯 máo tǎn
닭고기 지러우	鸡肉 jī ròu	담임 선생님 반주런	班主任 bān zhǔ rèn
닳다. 뭐순	磨损 mó sǔn	당구 타이츄	台球 tái qiú
담당자 푸저런	负责人 fù zé rén	당번 즈르	值日 zhí rì
담배 옌	烟 yān	당분간 린스	临时 lín shí
담배꽁초 옌터우	烟头 yān tou	당시 땅스	当时 dāng shí
담배를 피다. 시옌	吸烟 xī yān	당신 닌	您 nín
담백하다. 딴	淡 dàn	당신과 위니	与你 yǔ nǐ

담배를 피워도 좋습니까?
커이시옌마
可以吸烟吗？
kě yǐ xī yān ma

담배를 많이 핍니다.
시옌시더둬
吸烟吸得多
xī yān xī de duō

담배를 못 피웁니다.
뿌넝시옌
不能吸烟
bù néng xī yān

담배를 피고 싶은데요.
샹시옌
想吸烟
xiǎng xī yān

당신도	你也
니예	nǐ yě

당신 때문에	因为你
인웨이니	yīn wéi nǐ

당신에게	给你
게이니	gěi nǐ

당신에게는	对你
뚜이니	duì nǐ

당신으로부터	从你
충니	cóng nǐ

당신은	你是
니스	nǐ shì

당신을	把你
바니	bǎ nǐ

당신의	你的
니더	nǐ de

당신을 사랑합니다.	爱你
아이니	ài nǐ

당신을 위해서 건배	为你干杯
웨이니간베이	wèi nǐ gān bēi

당신의 덕분입니다.	托您的福
퉈닌더푸	tuō nín de fú

당신의 이름은?	您叫
닌죠	nín jiào

당신이	你
니	nǐ

당연합니다.	当然
당란	dāng rán

당일치기	当天做完
당티엔쭈어완	dāng tiān zuò wán

당치않다.	不当
부땅	bú dàng

당하다	遭受
짜오서우	zāo shòu

당황하다	惊慌
징황	jīng huāng

당신과 함께 갑시다.	与你一块儿去吧
위니이콸취바	yǔ nǐ yī kuàir qù ba

당신에게 홀딱 반했다.	完全被你迷住了
완취엔뻬이니미쭈러	wán quán bèi nǐ mí zhù le

당신에게는 당할 수가 없다.	不能被你捉弄
뿌넝베이니줘농	bù néng bèi nǐ zhuō nòng

당신은 나를 싫어합니까? 니타오옌워마	你讨厌我吗？ nǐ tǎo yàn wǒ ma
당신은 나를 좋아합니까? 니시환워마	你喜欢我吗？ nǐ xǐ huān wǒ ma
당신은 대단히 예쁘군요. 니쩐표량	你真漂亮 nǐ zhēn piào liang
당신은 몇 시쯤 틈이 있습니까? 니선머스허우유쿵	你什么时候有空？ nǐ shén me shí hou yǒu kòng
당신은 무엇을 드시겠습니까? 닌요츠선머	您要吃什么？ nín yào chī shén me
당신은 무엇을 마시겠습니까? 닌요허선머	您要喝什么？ nín yào hē shén me
당신을 만나러 왔습니다. 지엔닌라이러	见您来了 jiàn nín lái le
당신의 주소를 가르쳐 주십시오. 칭까오수워닌더띠즈	请告诉我您的地址 qǐng gào sù wǒ nín de dì zhǐ
당신의 집은 어디입니까? 니쟈짜이날	你家在哪儿？ nǐ jiā zài nǎr
당신이 오는 것을 기다리고 있습니다. 워덩따이닌더따오라이	我等待您的到来 wǒ děng dài nín de dào lái
당신이 이 방의 담당입니까? 스닌푸저쩌거팡지엔마	是您负责这个房间吗？ shì nín fù zé zhè ge fáng jiān ma

다

닿다. 지에추	接触 jiē chù
대답하다. 후이다	回答 huí dá
대개 따티	大体 dà tǐ
대답하세요. 칭후이다	请回答 qǐng huí dá
대금 따이콴	贷款 dài kuǎn
대답해 주십시오. 칭후이다	请回答 qǐng huí dá
대나무 주즈	竹子 zhú zi
대리인 따이리런	代理人 dài lǐ rén
대단하다. 료부치	了不起 liǎo bù qǐ
대만 타이완	台湾 tái wān
대단히 좋습니다. 페이창하오	非常好 fēi cháng hǎo
대머리 투즈	秃子 tū zi
대답 후이다	回答 huí dá
대부분 따부펀	大部分 dà bù fēn
대답을 기다리다. 덩따이후이다	等待回答 děng dài huí dá
대사(큰일) 따스	大事 dà shì

대개 할 수 있을 것이다.   大概能做
따까이넝쭤   dà gài néng zuò

대단히 감사합니다.   非常感谢
페이창간씨에   fēi cháng gǎn xiè

대단히 기쁩니다.   非常高兴
페이창까오싱   fēi cháng gāo xìng

대단히 신세를 졌습니다.   给您添了不少麻烦
게이닌티엔러부사오마판   gěi nín tiān le bù shǎo má fan

대사관	大使馆	대합실	候车室
따스관	dà shǐ guǎn	허우처스	hòu chē shì
대소	大小	대형	大型
따쇼	dà xiǎo	따싱	dà xíng
대신으로	代替	댓가	代价
따이티	dài tì	따이쟈	dài jià
대접하다.	接待	더더욱	更
지에따이	jiē dài	껑	gèng
대중 식당	大众食堂	더럽다.	脏
따중스탕	dà zhòng shí táng	짱	zāng
대통령	总统	더럽히다.	弄脏
중통	zǒng tǒng	눙짱	nòng zāng
대표	代表	더 빨리	再快点
따이뵤	dài biǎo	짜이콰이디엔	zài kuài diǎn
대필	代笔	더욱 더	更加
따이비	dài bǐ	껑쟈	gèng jiā
대학	大学	더욱이	尤其
따쉐	dà xué	유치	yóu qí

대면시키다.　　　　　　　　　　安排会面
안파이후이미엔　　　　　　　ān pái huì miàn

대수로운 일이 아니다.　　　　　不是小事
부스쑈스　　　　　　　　　　bú shì xiǎo shì

댁이 어디신가요?　　　　　　您在哪儿住?
닌짜이날주　　　　　　　　nín zài nǎr zhù

더운물 러수이	热水 rè shuǐ	데리고 가다. 링저취	领着去 lǐng zhe qù
더하다. 껑선	更深 gèng shēn	데리고 오다. 따이저라이	带着来 dài zhe lái
덕분에 투어푸	托福 tuō fú	도깨비 구이꽈이	鬼怪 guǐ guài
던지다. 렁	扔 rēng	도난 당하다. 베이따오	被盗 bèi dào
덥군요. 러	热 rè	도둑 제이	贼 zéi
덥다. 러	热 rè	도로 따오루	道路 dào lù
덥지 않다. 부러	不热 bú rè	도리어 판얼	反而 fǎn ér
덥지 않아요? 부러마	不热吗? bú rè ma	도망가다. 타오저우	逃走 táo zǒu

더더욱 나빠지고 있다.   越来越不好
웨라이웨부하오   yuè lái yuè bù hǎo

더 이상 참을 수 없다.   没法再忍下去了
메이파짜이런샤취러   méi fǎ zài rěn xià qù le

덕분에 무사합니다.   托您的福, 平安无事
투어닌더푸 핑안우스   tuō nín de fú píng ān wú shì

덕분에 잘 도착했습니다.   托您的福, 平安到达
투어닌더푸 핑안따오다   tuō nín de fú píng ān dào dá

도매상 피파상	批发商 pī fā shāng	도자기 타오치	陶器 táo qì
도박 두브어	赌博 dǔ bó	도저히 우룬루허	无论如何 wú lùn rú hé
도발하다. 파뚱	发动 fā dòng	도중하차 중투샤처	中途下车 zhōng tú xià chē
도시락 팡허	饭盒 fàn hé	도착 따오다	到达 dào dá
도움이 되다. 유방쭈	有帮助 yǒu bāng zhù	돈 사정이 좋다. 헌유치엔	很有钱 hěn yǒu qián
도장 장	章 zhāng	돈에 눈이 어두워지다. 리위쉰신	利欲熏心 lì yù xūn xīn

도로 사정은 좋습니까?　　　　交通状况怎么样？
죠퉁쭈앙쾅전머양　　jiāo tōng zhuàng kuàng zěn me yàng

도무지 듣지 않는다.　　　　　根本不听
껀번부팅　　　　　　　　　　gēn běn bù tīng

도무지 알 수가 없다.　　　　根本不明白
껀번부밍바이　　　　　　　　gēn běn bù míng bai

도움이 안된다.　　　　　　　帮不上忙
빵부샹망　　　　　　　　　　bāng bú shang máng

도와드릴까요?　　　　　　　需要帮忙吗？
쉬야오방망마　　　　　　　　xū yào bāng máng ma

독재 정권　　　　　　　　　独裁政权
두차이쩡최엔　　　　　　　　dú cái zhèng quán

도착합니다.	到达
따오다	dào dá

도착했습니다.	到达
따오다	dào dá

독	毒
두	dú

독립	独立
두리	dú lì

독일	德国
더궈	dé guó

독재	独裁
두차이	dú cái

독재자	独裁者
두차이저	dú cái zhě

돈	钱
치엔	qián

돈에 궁하다.	没钱
메이치엔	méi qián

돈을 뜯다.	撕钱
스치엔	sī qián

돈을 모으다.	攒钱
잔치엔	zǎn qián

돈을 빼앗다.	抢钱
챵치엔	qiǎng qián

돈을 벌다.	挣钱
쩡치엔	zhèng qián

돈을 쓰다.	花钱
화치엔	huā qián

돈이 많다.	有钱
유치엔	yǒu qián

돈이 없다.	没钱
메이치엔	méi qián

돈지갑	钱包
치엔바오	qián bāo

돋아나다.	发
파	fā

돌	石子
스즈	shí zi

돌려주다.	还
환	huán

돌리다.	转
주안	zhuǎn

돌아가다.	返回
판후이	fǎn huí

돈을 바꿔 주시겠어요?	能给换钱吗？
넝게이환치엔마	néng gěi huàn qián ma

한국어	발음	중국어	병음
돌아갑시다.	후이취바	回去吧	huí qù ba
돌아갔다.	후이취러	回去了	huí qù le
돌아오다.	꾸이라이	归来	guī lái
돌아 왔습니다.	후이라이러	回来了	huí lai le
돌연히	투란더	突然地	tū rán de
돕다.	방쭈	帮助	bāng zhù
동(방향)	뚱	东	dōng
동료	퉁스	同事	tóng shì
동물원	뚱우위엔	动物园	dòng wù yuán
동상	퉁샹	铜像	tóng xiàng
동양	뚱팡	东方	dōng fāng
동의하다.	퉁이	同意	tóng yì
동정	퉁칭	同情	tóng qíng
돼지	쭈	猪	zhū

다

돌아가도 좋습니까?
커이후이취마
可以回去吗？
kě yǐ huí qù ma

돌아가도 좋습니다.
커이후이취
可以回去
kě yǐ huí qù

돌아가면 안됩니다.
뿌넝후이취
不能回去
bù néng huí qù

돌아오시거든 전해주세요.
후이라이허우칭주안다
回来后请转达
huí lai hòu qǐng zhuǎn dá

되도록 빨리 와 주세요.
칭찐량콰이디엔라이
请尽量快点来
qǐng jìn liàng kuài diǎn lái

| 돼지고기 | 猪肉 | 두근 두근거리다. | 怦怦跳 |
| 쭈러우 | zhū ròu | 펑펑탸오 | pēng pēng tiào |

| 되겠습니까? | 可以吗 | 두다 | 放 |
| 커이마 | kě yǐ ma | 팡 | fàng |

| 되겠지요. | 可以吧 | 두드러기 | 风疹块儿 |
| 커이바 | kě yǐ ba | 펑전콰이 | fēng zhěn kuàir |

| 되도록 | 尽量 | 두부 | 豆腐 |
| 찐량 | jìn liàng | 떠우푸 | dòu fu |

| 되었습니다. | 好了 | 둔하다. | 笨 |
| 하오러 | hǎo le | 뻔 | bèn |

| 되풀이하다. | 反复 | 둘 | 二 |
| 판푸 | fǎn fù | 얼 | èr |

| 된장 | 大酱 | 둘이서 가다. | 两个人去 |
| 따쟝 | dà jiàng | 량거런취 | liǎng ge rén qù |

| 된장국 | 大酱汤 | 둥근 얼굴 | 圆脸 |
| 따쟝탕 | dà jiàng tāng | 웬리엔 | yuán liǎn |

| 될 것 같습니다. | 看来还行 | 둥글다. | 圆 |
| 칸라이하이싱 | kàn lái hái xíng | 웬 | yuán |

| 될 수 있는대로 | 尽可能 | 뒤 | 后 |
| 찐커넝 | jìn kě néng | 허우 | hòu |

| 될 수 있도록 | 尽可能 | 뒤꿈치 | 脚后跟 |
| 찐커넝 | jìn kě néng | 죠허우건 | jiǎo hòu gēn |

| 두껍다. | 厚 | 뒤집다. | 翻过来 |
| 허우 | hòu | 판꿔라이 | fān guò lai |

뒷문	后门	듣기 싫다.	不想听
허우먼	hòu mén	뿌샹팅	bù xiǎng tīng

뒷모습	背影	듣다.	听
뻬이잉	bèi yǐng	팅	tīng

드디어	终于	듣지 않다.	不听
중위	zhōng yú	뿌팅	bù tīng

드러내다.	露出	들키다.	被发现
러우추	lòu chū	뻬이파씨엔	bèi fā xiàn

드리겠습니다.	赠	들뜨다.	不安
쩡	zèng	뿌안	bù ān

드물다.	稀少	들려주다.	讲诉
시사오	xī shǎo	쟝쑤	jiǎng sù

드십시오.	请用餐	들어가도 좋습니다.	可以进
칭융찬	qǐng yòng cān	커이찐	kě yǐ jìn

듣고 싶다.	想听	땅콩	花生
샹팅	xiǎng tīng	화성	huā shēng

뒤탈이 없다. 没有后患
메이유허우환 méi yǒu hòu huàn

뒷문으로 오세요. 请从后门进来吧
칭충허우먼찐라이바 qǐng cóng hòu mén jìn lái ba

듣기 좋은 말을 하다. 花言巧语
화옌쵸위 huā yán qiǎo yǔ

들어가도 좋습니까? 可以进去吗?
커이찐취마 kě yǐ jìn qù ma

다

한국어	한글발음	중국어	병음
때	스허우	时候	shí hou
때때로	유스	有时	yuǒ shí
때려부수다.	다수이	打碎	dǎ suì
때로는	유스	有时	yuǒ shí
때리다.	다	打	dǎ
댄스	우다오	舞蹈	wǔ dǎo
땡땡이 치다.	류저우	溜走	liū zǒu
떠나다.	리카이	离开	lí kāi
떠맡다.	청딴	承担	chéng dān
떠벌리다	양옌	扬言	yáng yán
떡	니엔꼬	粘糕	nián gāo
떨리다.	찬뚱	颤动	chàn dòng
떨어지다.	루어샤	落下	luò xià
떨어트리다	다띠오	打掉	dǎ diào
똑바로 가세요.	칭즈저우	请直走	qǐng zhí zǒu
뜻대로 되지 않다.	뿌수이	不随意	bù suí yì

뜻을 알 수가 없다. 不明白是什么意思
뿌밍바이스선머이스　bù míng bai shì shén me yì si

라

중국여행120

라면 方便面
팡비엔미엔 fāng biàn miàn

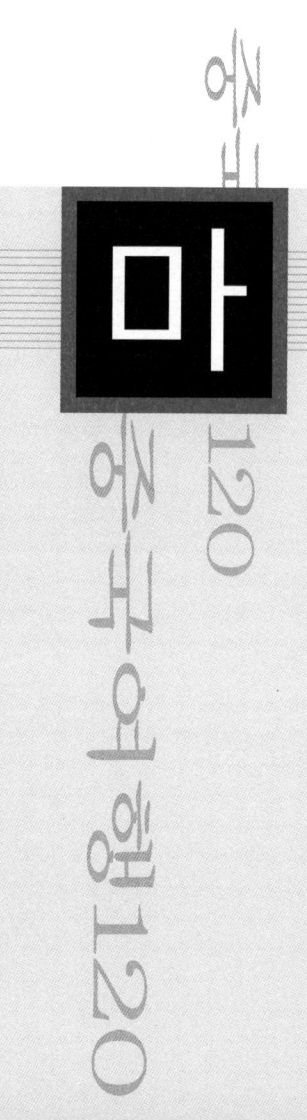

한국어	한자	한국어	한자
마감 지에즈	截止 jié zhǐ	마시다. 허	喝 hē
마감일 지에즈르치	截止日期 jié zhǐ rì qī	마실 것 허더	喝的 hē de
마감하다. 지에쑤	结束 jié shù	마을 춘	村 cūn
마개 까얼	盖儿 gàir	마음 씬	心 xīn
마개를 따다. 치까알	起盖儿 qǐ gàir	마음대로 수이삐엔	随便 suí biàn
마당 외엔즈	院子 yuàn zi	마음먹다. 샤띵쥐에씬	下定决心 xià dìng jué xīn
마루 띠반	地板 dì bǎn	마음에 들다. 시환	喜欢 xǐ huān
마르다(빨래). 깐	干 gān	마음을 사로잡다. 주아쭈씬	抓住心 zhuā zhù xīn
마르다(몸). 써우	瘦 shòu	마음을 졸이다. 쟈오뤼	焦虑 jiāo lǜ
마르지 않는다. 뿌깐	不干 bù gān	마음이 강하다. 씬잉	心硬 xīn yìng
마비 마삐	麻痹 má bì	마음이 괴롭다. 신퉁	心通 xīn tòng
마비되다. 마삐	麻痹 má bì	마음이 끌리다. 뻬이씨인	被吸引 bèi xī yǐn

마

| 마음이 약하다. | 心软 | 막다른 골목 | 死胡同 |
| 신루안 | xīn ruǎn | 스후퉁 | sǐ hú tong |

| 마음이 쏠리다. | 倾心 | 만 | 一万 |
| 칭신 | qīng xīn | 이완 | yī wàn |

| 마음이 있다. | 有心 | 만나고 싶어요. | 见一面吧 |
| 유신 | yǒu xīn | 지엔이미엔바 | jiàn yī miàn ba |

| 마음이 좋다. | 好心 | 만나다. | 会面 |
| 하오씬 | hǎo xīn | 후이미엔 | huì miàn |

| 마음이 편하다. | 心里舒服 | 만나러 왔습니다. | 来会面 |
| 신리수푸 | xīn li shū fu | 라이후이미엔 | lái huì miàn |

| 마중 | 迎接 | 만나고 싶지 않아요. | 不想见 |
| 잉지에 | yíng jiē | 뿌샹찌엔 | bù xiǎng jiàn |

| 마중 나오다. | 接站 | 만납시다. | 飞吧 |
| 지에짠 | jiē zhàn | 페이바 | fēi ba |

| 마차 | 马车 | 만두 | 水饺 |
| 마처 | mǎ chē | 수이죠 | shuǐ jiǎo |

| 마찬가지로 | 如同 | 만들다. | 做 |
| 루퉁 | rú tóng | 쭈어 | zuò |

| 마치 | 好像 | 만세 | 万岁 |
| 하오샹 | hǎo xiàng | 완수이 | wàn suì |

| 마침 | 正好 | 만약 | 假如 |
| 쩡하오 | zhèng hǎo | 자루 | jiǎ rú |

| 막이 오르다. | 开幕 | 만원 | 满员 |
| 카이무 | kāi mù | 만외엔 | mǎn yuán |

마시면서 이야기합시다.   边喝边讲吧
비엔허비엔쟝바   biān hē biān jiǎng ba

마음에 들어서 다행이다.   满意就好
만이쮸하오   mǎn yì jiù hǎo

마음을 졸이게 하다.   心情焦虑
신칭죠뤼   xīn qíng jiāo lǜ

마주 앉다.   相对而坐
샹뚜이얼쭈어   xiāng duì ér zuò

마음에 들도록 하겠습니다.   做到另您满意
쭈어따오링닌만이   zuò dào lìng nín mǎn yì

마음에 있는 것처럼 말하다.   说的像有心似的
쉬더썅유신쓰더   shuō de xiàng yǒu xīn shì de

마음에 있는 척하다.   像有心似的
샹유신쓰더   xiàng yǒu xīn shì de

마음에 있는 척하지 마라.   别以为像有心似的
비에이워이샹유신쓰더   bié yǐ wéi xiàng yǒu xīn shì de

마음이 내키지 않는다.   心里不舒服
신리부수프우   xīn lǐ bù shū fū

마지못해서 하면 안 된다.   不能勉强做事
뿌넝미엔챵쭈어스   bù néng miǎn qiǎng zuò shì

마치 어린이 같다.   像小孩子
샹쑈하이즈   xiàng xiǎo hái zi

마치고 합시다.   干完开始吧
깐완카이스바   gàn wán kāi shǐ ba

마

만족하다. 만주	满足 mǎn zú	말다툼 차오쟈	吵架 chǎo jià
만족하지 못하다. 부만이	不满意 bù mǎn yì	말랐다. 서우	瘦 shòu
만족했습니다. 헌만주	很满足 hěn mǎn zú	말리다. 싸이	晒 shài
만지작거리다. 바이눙	摆弄 bǎi nòng	말 좀 묻겠습니다. 칭원	请问 qǐng wèn
만찬 완찬	晚餐 wǎn cān	말씨 커우치	口气 kǒu qì
많다. 둬	多 duō	말을 걸다. 따화	搭话 dā huà
많아지다. 쩡둬	增多 zēng duō	말을 타다. 치마	骑马 qí mǎ
많은 사람들 헌둬런	很多人 hěn duō rén	말하기 거북하다. 쉬화쿤난	说话困难 shuō huà kùn nan
많이 둬	多 duō	맛이 없다. 부하오츠	不好吃 bù hǎo chī
말(언어) 위옌	语言 yǔ yán	맛있다. 하오츠	好吃 hǎo chī
말(동물) 마	马 mǎ	만나지 못했는데요. 메이찌엔자오	没见着 méi jiàn zháo
말다. 쥐엔	卷 juǎn	만나지 않겠어요. 부지엔	不见 bú jiàn

마침 잘 왔다. 라이더쩡하오	来的正好 lái de zhèng hǎo
만나고 싶었어요. 샹찌엔이미엔	想见一面 xiǎng jiàn yī miàn
만나고 싶다. 샹지엔이미엔	想见一面 xiǎng jiàn yī miàn
만나서 반가워요. 지엔따오니헌꼬싱	见到你很高兴 jiàn dào nǐ hěn gāo xìng
만날 수 있을지 모른다. 뿌즈넝퍼우지엔따오	不知能否见到 bù zhī néng fǒu jiàn dào
만일 못 오시게 되면 알려 주세요. 루궈라이뿌료칭퉁즈	如果来不了请通知 rú guǒ lái bù liǎo qǐng tōng zhī
말뜻을 모르겠다. 뿌즈선머이스	不知什么意思 bù zhī shén me yì si
말씀드릴 것이 있는데요. 유화샹숴	有话想说 yǒu huà xiǎng shuō
많이 벌었다. 주안러헌둬	赚了很多 zhuàn le hěn duō
많이 주세요. 칭게이둬디엔	请给多点 qǐng gěi duō diǎn
말라서 물기가 없다. 타이간,메이유수이펀	太干, 没有水分 tài gān méi yǒu shuǐ fèn
말씀을 알 수가 없습니다. 팅뿌둥	听不懂 tīng bù dǒng

마

| 만날 수 없어요. | 没法见 | 매듭지다. | 了结 |
| 메이파지엔 | méi fǎ jiàn | 료지에 | liǎo jié |

| 망가지다. | 坏 | 매력 만점 | 魅力无穷 |
| 화이 | huài | 메이리우충 | mèi lì wú qióng |

| 망설이다. | 犹豫 | 매력있다. | 有魅力 |
| 유위 | yóu yù | 유메이리 | yǒu mèi lì |

| 망신당하다. | 丢丑 | 매우 | 很 |
| 디우처우 | diū chǒu | 헌 | hěn |

| 맞다. | 对 | 매일 | 每日 |
| 뚜이 | duì | 메이르 | měi rì |

| 맞기겠습니다. | 托付 | 매점 | 小卖店 |
| 투어푸 | tuō fù | 시오마이띠엔 | xiǎo mài diàn |

| 맞선 | 相亲 | 매주 | 每周 |
| 샹친 | xiāng qīn | 메이저우 | měi zhōu |

| 맞추다. | 配 | 매월 | 每月 |
| 페이 | pèi | 메이웨 | měi yuè |

| 맡기다. | 托付 | 매화 | 梅花 |
| 투어푸 | tuō fù | 메이화 | méi huā |

| 맡다. | 担任 | 맵다. | 辣 |
| 단런 | dān rèn | 라 | là |

| 매끈매끈하다. | 清秀 | 맹세하다. | 发誓 |
| 칭슈 | qīng xiù | 파스 | fā shì |

| 매년 | 每年 | 맺다. | 结 |
| 메이니엔 | měi nián | 지에 | jiē |

머리 터우	头 tóu
머리가 벗어지다. 투딩	秃顶 tū dǐng
머리가 좋다. 유터우나오	有头脑 yǒu tóu nǎo
머리빗 수즈	梳子 shū zi
머리털 터우파	头发 tóu fa
머뭇거리다. 유위뿌죄	犹豫不决 yóu yù bù jué
머지않아 뿌쥬	不久 bù jiǔ
먹겠습니까? 츠마	吃吗 chī ma
먹겠습니다. 츠	吃 chī
먹고 싶다. 샹츠	想吃 xiǎng chī
먹어도 됩니까? 커이츠마	可以吃吗? kě yǐ chī ma
먹어도 됩니다. 커이츠	可以吃 kě yǐ chī
먹었습니다. 츠러	吃了 chī le
머리를 조심하세요. 쇼신터우	小心头 xiǎo xīn tóu
먹으러 갑시다. 츠판취바	吃饭去吧 chī fàn qù ba
먹을 것 츠더	吃的 chī de

맛있을 것 같다.
컨딩하오츠
肯定好吃
kěn dìng hǎo chī

매일 아침
메이티엔자오천
每天早晨
měi tiān zǎo chén

머리가 나쁘다.
터우나오지엔단
头脑简单
tóu nǎo jiǎn dān

먹기에 알맞은 때입니다.
쩡하오스츠더스허우
正好是吃的时候
zhèng hǎo shì chī de shí hou

먹을 수 있다. 넝츠	能吃 néng chī	면도 꾸아리엔	刮脸 guā liǎn
먼저 서우시엔	首先 shǒu xiān	면세 미엔수이	免税 miǎn shuì
먼저 하세요. 시엔라이바	先来吧 xiān lái ba	면하다. 삐미엔	避免 bì miǎn
먼지 후이천	灰尘 huī chén	면허증 쉬커쩡	许可证 xǔ kě zhèng
멀다. 외엔	远 yuǎn	면회하다. 후이미엔	会面 huì miàn
멀지 않아요. 부외엔	不远 bù yuǎn	명물 터찬	特产 tè chǎn
멉니다. 외엔	远 yuǎn	명소 밍썽	名胜 míng shèng
멋지다. 쏴이	师 shuài	명예 밍위	名誉 míng yù
멍텅구리 사과	傻瓜 shǎ guā	명의를 바꾸다. 환밍위	换名义 huàn míng yì
메슥메슥하다. 어신	恶心 ě xīn	명인 밍런	名人 míng rén
며느리 시푸	媳妇 xí fù	명주 밍쥬	名酒 míng jiǔ
며칠 지티엔	几天 jǐ tiān	명함 밍피엔	名片 míng piàn

먹으면서 얘기하다.　　　　　　　　　　　边吃边说
비엔츠비엔쉬　　　　　　　　　　　　biān chī biān shuō

멀리서 와 주셨습니다.　　　　　　　　　　远到而来
외엔따오얼라이　　　　　　　　　　　yuǎn dào ér lái

멀지않아 찾아뵙겠습니다.　　　　　　过些天去拜放您
꿔씨에티엔취빠이팡닌　　　　　　guò xiē tiān qù bài fǎng nín

메뉴 좀 보여 주세요.　　　　　　　请给拿一下菜单
칭게이나이샤차이단　　　　　　qǐng gěi ná yī xià cài dān

메시지가 있습니까?　　　　　　　　　　　有消息吗？
유쇼시마　　　　　　　　　　　　　yǒu xiāo xi ma

몇 시까지 좋습니까?　　　　　　　　　　到几点为好？
따오지디엔워이하오　　　　　　　　dào jǐ diǎn wéi hǎo

몇 시에 끝납니까?　　　　　　　　　　　　几点结束？
지디엔지에쑤　　　　　　　　　　　　jǐ diǎn jié shù

몇 시에 돌아갈까요?　　　　　　　　　　几点回去好？
지디엔후이취하오　　　　　　　　　jǐ diǎn huí qù hǎo

몇 시에 돌아갑니까?　　　　　　　　　　　几点回去？
지디엔후이취　　　　　　　　　　　　jǐ diǎn huí qù

몇 시에 시작합니까?　　　　　　　　　　　几点开始？
지디엔카이스　　　　　　　　　　　　jǐ diǎn kāi shǐ

몇 시에 올까요?　　　　　　　　　　　　　几点来好？
지디엔라이하오　　　　　　　　　　　jǐ diǎn lái hǎo

몇 시에 출근합니까?　　　　　　　　　　　几点上班？
지디엔샹반　　　　　　　　　　　　jǐ diǎn shàng bān

마

몇 개입니까? 스지거	是几个？ shì jǐ gè	모래 사	沙 shā
몇 번이나 둬소츠	多少次 duō shǎo cì	모레 허우티엔	后天 hòu tiān
몇 번했습니까? 쭈어러지비엔	做了几遍？ zuò le jǐ biàn	모르겠다. 뿌즈따오	不知道 bù zhī dào
몇 살입니까? 뚜어따러	多大了？ duō dà le	모르겠습니다. 부밍바이	不明白 bù míng bai
몇 시에 옵니까? 지디엔라이	几点来？ jǐ diǎn lái	모른다. 부후이	不会 bú huì
몇 실까? 지디엔러너	几点了呢？ jǐ diǎn le ne	모습 즈타이	姿态 zī tài
모기 원즈	蚊子 wén zi	모으다. 서우지	收集 shōu jí
먼저 먹었습니다. 시엔츠러	先吃了 xiān chī le	모이다. 쮜이지	聚集 jù jí
먼저 실례합니다. 시엔스리러	先失礼了 xiān shī lǐ le	모자 마오즈	帽子 mào zi
모기향 원시앙	蚊香 wén xiāng	모자르다. 부꺼우	不够 bú gòu
모두 떠우	都 dōu	모집 자오지	招集 zhāo jí
모든 이치에	一切 yī qè	모처럼 난더	难得 nán dé

모처럼이지만 하오부룽이	好不容易 hǎo bù róng yì
모퉁이 죠얼	角儿 jiǎor
목 징	颈 jǐng
목걸이 샹리엔	项链 xiàng liàn
목구멍 옌허우	咽喉 yān hóu
목마르다 커우커	口渴 kǒu kě
목사 무스	牧师 mù shi
목수 무쨩	木匠 mù jiàng
목욕 시자오	洗澡 xǐ zǎo
목욕탕 자오탕	澡堂 zǎo táng
목욕하다. 린위	淋浴 lín yù
목장 무창	牧场 mù chǎng

모기에 물리다.
뻬이원즈딩
被蚊子叮
bèi wén zi dīng

모르는 체하다.
주앙부즈따오
装不知道
zhuāng bù zhī dào

모양이 좋지 않다.
양즈부티미엔
样子不体面
yàng zi bù tǐ miàn

모르면서 아는 척하다.
부즈주앙둥
不知装懂
bù zhī zhuāng dǒng

모처럼 왔는데 못 만나다. 好不容易来了, 却没见着
하오부룽이라이러,최메이지엔자오
hǎo bù róng yì lái le què méi jiàn zháo

마

| 목적 | 目的 |
| 무띠 | mù dì |

| 목표 | 目标 |
| 무뵤 | mù biāo |

| 몰락하다. | 没落 |
| 므어뤄 | mò luò |

| 몸 | 身体 |
| 선티 | shēn tǐ |

| 몸부림치다. | 挣扎 |
| 쩡자 | zhēng zhá |

| 몸조심하세요. | 注意身体 |
| 쭈이선티 | zhù yì shēn tǐ |

| 몹시 덥다. | 很热 |
| 헌러 | hěn rè |

| 못 | 钉子 |
| 딩즈 | dīng zi |

| 못가겠어. | 去不了 |
| 취부료 | qù bù liǎo |

| 못당하다. | 挡不住 |
| 당부주 | dǎng bú zhù |

| 못살게 굴다. | 欺负 |
| 치푸 | qī fu |

| 못쓰게 되다. | 不能用 |
| 부넝융 | bù néng yòng |

| 못 올 것이다. | 来不了 |
| 라이부료 | lái bù liǎo |

| 못합니다. | 不会 |
| 부후이 | bú huì |

목적이 뭐에요?
무디스선머
目的是什么？
mù dì shì shén me

못된 꾀
어리에더찌머우
恶劣的计谋
è liè de jì móu

목욕중이에요.
정짜이시자오너
正在洗澡呢
zhèng zài xǐ zǎo ne

목적을 달성하다.
다따오무디
达到目的
dá dào mù dì

몸차림에 개의치않고
부지에이추안따이
不介意穿戴
bú jiè yì chuān dài

묘지	墓地	무서워하다.	怕
무디	mù dì	파	pà

무겁다.	重	무섭다.	恐怖
쭝	zhòng	쿵부	kǒng bù

무게	重量	무시하지마.	不要轻视
쭝량	zhòng liang	부요칭스	bú yào qīng shì

무너지다.	崩溃	무시할 수 없다.	无法轻视
벙쿠이	bēng kuì	우파칭스	wú fǎ qīng shì

무늬	纹	무심코	无心地
원	wén	우신더	wú xīn de

무덤	坟墓	무엇을	什么
펀무	fén mù	선머	shén me

무덥다.	炎热	무엇이	什么
옌러	yán rè	선머	shén me

무뢰한	无赖之徒	무엇이니?	是什么?
우라이즈투	wú lài zhī tú	스선머	shì shén me

무료	免费	무리하면 안된다.	不可无理
미엔페이	miǎn fèi	부커우리	bù kě wú lǐ

무릎	膝盖	무엇이든	什么
시까이	xī gài	선머	shén me

무리하게	过度	무엇입니까?	是什么?
꿔두우	guò dù	스선머	shì shén me

무사히	无事	무역	贸易
우스	wú shì	마오이	mào yì

마

무좀 죠치	脚气 jiǎo qì	문화 원화	文化 wén huà
무지개 차이훙	彩虹 cǎi hóng	묻다. 원	问 wèn
무책임 부푸저런	不负责任 bú fù zé rèn	물 수이	水 shuǐ
문 먼	门 mén	물건을 사러가다. 취마이둥시	去买东西 qù mǎi dōng xi
문명 원밍	文明 wén míng	물기가 없다. 메이수이펀	没水分 méi shuǐ fèn
문방구점 원쮜띠엔	文具店 wén jù diàn	물다. 야오	咬 yǎo
문법 쮜파	句法 jù fǎ	물론 당란	当然 dāng rán
문신 원선	纹身 wén shēn	물리 우리	物理 wù lǐ
문자 원쯔	文字 wén zì	물리치다. 다투이	打退 dǎ tuì
문제 원티	问题 wèn tí	물수건 스서우진	湿手巾 shī shǒu jīn
문지르다. 차	擦 cā	물오리 수이야즈	水鸭子 shuǐ yā zi
문학 원쇠	文学 wén xué	물이 마시고 싶다. 샹허수이	想喝水 xiǎng hē shuǐ

| 무엇 때문입니까? | 因为什么？ |
| 인워이선머 | yīn wèi shén me |

| 무슨 용건이신가요? | 是什么事情？ |
| 스선머쓰칭 | shì shén me shì qing |

| 무슨 일을 하십니까? | 做什么工作？ |
| 쭈어선머궁쭤 | zuò shén me gōng zuò |

무슨 일이 있어도 완수하고야 말겠다.

不管有什么事，一定要完成

부관유선머스,이딩야오완청
  bù guǎn yǒu shén me shì yī dìng yào wán chéng

| 무엇을 드시겠습니까? | 想吃点什么？ |
| 샹츠디엔선머 | xiǎng chī diǎn shén me |

| 무엇을 마시겠습니까? | 想喝点什么？ |
| 샹허디엔선머 | xiǎng hē diǎn shén me |

| 무엇을 보고 있어요? | 在看什么？ |
| 짜이칸선머 | zài kàn shén me |

| 무엇을 원합니까? | 需要什么？ |
| 쉬야오선머 | xū yào shén me |

| 무엇이든 말해 주세요. | 请尽管说 |
| 칭찐관숴 | qǐng jǐn guǎn shuō |

| 무엇이든 좋습니다. | 什么都可以 |
| 선머더우커이 | shén me dōu kě yǐ |

| 물어보고 싶은 말이 있다. | 有事想问… |
| 유쓰샹원 | yǒu shì xiǎng wèn |

마

물 좀 주세요. 칭나뻬이수이	请拿杯水 qǐng ná bēi shuǐ
무엇이 좋습니까? 나거하오	哪个好？ nǎ ge hǎo
뭘까? 스선머너	是什么呢？ shì shén me ne
미국 메이궈	美国 měi guó
미끄러지게 하다. 류	溜 liū
미끄러지다. 후아	滑 huá
미끄럽다. 후아	滑 huá
미래 워이라이	未来 wèi lái
미련 미리엔	迷恋 mí liàn
미리 스시엔	事先 shì xiān
미망인 워이왕런	未亡人 wèi wáng rén
미소 워이쑈	微笑 wēi xiào
미소짓다. 워이쑈	微笑 wēi xiào
미숙 워이청수	未成熟 wèi chéng shú
미술 메이수	美术 měi shù
미신 미신	迷信 mí xìn
미안하다. 뽀치엔	抱歉 bào qiàn
미안합니다. 뚜이부치	对不起 duì bù qǐ
미안해 부하오이스	不好意思 bù hǎo yì si
미안했습니다. 궈이부취	过意不去 guò yì bú qù

뭔가 볼일이 있습니까? 有什么事吗？
유선머쓰마　yǒu shén me shì ma

뭔가 저에게 하고 싶은 말이 있습니까? 有事要跟我说吗？
유쓰야오껀워쉬마　yǒu shì yào gēn wǒ shuō ma

미움을 받다. 바이옌	白眼 bái yǎn
미인 메이런	美人 měi rén
미인이시군요. 전메이	真美 zhēn měi
미장원 메이룽외엔	美容院 měi róng yuàn
미지근한 물 원수이	温水 wēn shuǐ
미친 사람 펑즈	疯子 fēng zi
민둥산 투산	秃山 tū shān
민속 민수	民俗 mín sú
민요 민야오	民谣 mín yáo
민족 민주	民族 mín zú
믿다. 씨앙씬	相信 xiāng xìn
믿을 수가 없다. 우파씨앙씬	无法相信 wú fǎ xiāng xìn
물이 안 나오는데요. 뿌추수이	不出水 bù chū shuǐ
밀다. 투이	推 tuī
밀수 저우쓰	走私 zǒu sī
밀어 붙이다. 파앙	放 fàng
밀입국 터우뚜	偷渡 tōu dù
밀회 미후이	密会 mì huì
밉다. 토이엔	讨厌 tǎo yàn
밑 시아미엔	下面 xià mian

미안합니다만 말씀 좀 묻겠습니다. 劳驾, 打听个事儿?
라오쨔다팅거써얼　　　　　　　láo jià dǎ tīng ge shìr

미안하지만 이것 좀 빌려줘.　　对不起, 这个借我用一下
뚜이뿌치, 쩌이거찌에워용이샤
　　　　　　　　duì bù qǐ, zhèi ge jiè wǒ yòng yī xià

미안합니다만 ～로 가는 길을 가르쳐 주세요.
　　　　　　　　对不起, 您能告诉我去～路吗？
뚜이부치닌넝꼬수워취～루마
　　　　　　　　duì bù qǐ nín néng gào sù wǒ qù～lù ma

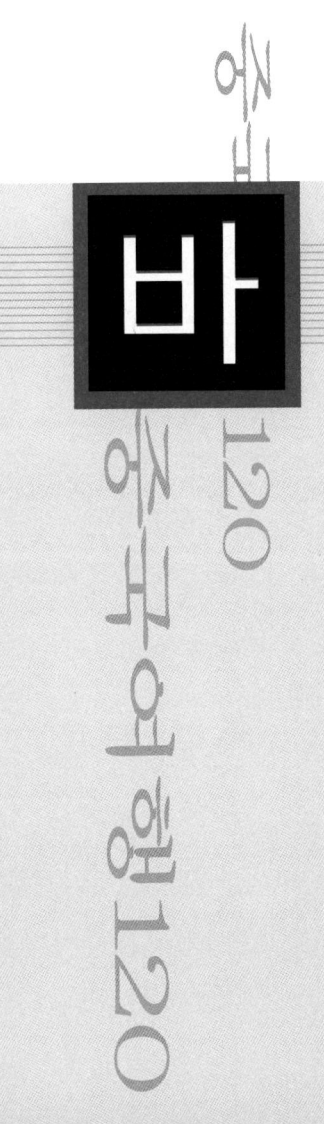

| 바깥 | 外面 |
| 와이미엔 | wài mian |

| 바깥은 춥다. | 外面冷 |
| 와이미엔렁 | wài mian lěng |

| 바꾸다. | 换 |
| 화안 | huàn |

| 바꾸어 말하면 | 换句话说 |
| 환쮜화쉮 | huàn jù huà shuō |

| 바늘 | 针 |
| 전 | zhēn |

| 바다 | 海 |
| 하이 | hǎi |

| 바둑 | 围棋 |
| 워이치 | wéi qí |

| 바라다. | 希望 |
| 씨왕 | xī wàng |

| 바라보다. | 眺望 |
| 탸왕 | tiào wàng |

| 바람 | 风 |
| 펑 | fēng |

바람기
수이씽양화
水性杨花
shuǐ xìng yáng huā

바로 요 앞이에요.
쮸짜이치엔미엔
就在前面
jiù zài qián mian

| 바람둥이 | 花花公子 |
| 화화꿍즈 | huā huā gōng zi |

| 바람은 안 피운다. | 不风流 |
| 뿌펑류 | bù fēng liú |

| 바람을 피우다. | 风流 |
| 펑류 | fēng liú |

| 바람이 불다. | 起风 |
| 치펑 | qǐ fēng |

| 바로 | 就 |
| 쭈 | jiù |

| 바로 그렇습니다. | 就是 |
| 쮸쓰 | jiù shì |

| 바로 됩니까? | …就…吗? |
| …쮸…마 | …jiù…ma |

| 바로 와요. | 直接来吧 |
| 즈지에라이바 | zhí jiē lái ba |

| 바로잡다. | 纠正 |
| 쮸쩡 | jiū zhèng |

| 바르다. | 正当 |
| 쩡땅 | zhèng dāng |

바

바보 사과	傻瓜 shǎ guā	박살을 내다. 다스	打死 dǎ sǐ
바쁘다. 망	忙 máng	박수 파이서우	拍手 pāi shǒu
바쁩니까? 망마	忙吗？ máng ma	박정 브어칭	薄情 bó qíng
바위 옌	岩 yán	밖으로 나가다. 쌍와이비엔	上外边 shàng wài bian
바지 쿠즈	裤子 kù zi	반감을 품다. 판간	反感 fǎn gǎn
박력 프어리	魄力 pò lì	반나절 빤티엔	半天 bàn tiān
박물관 브어우관	博物馆 bó wù guǎn	반대 판뚜이	反对 fǎn duì
박사 브어쓰	博士 bó shì	반드시 삐이쒸	必须 bì xū

바보 같다.
썅사즈쓰더
像傻子似的
xiàng shǎ zi shì de

바보 같은 소리하지마.
부야오숴사화
不要说傻话
bú yào shuō shǎ huà

바보 취급당하다.
…땅…사꽈
…当…傻瓜
dāng shǎ guā

바보 취급하다.
…땅…쓰사꽈
…当…是傻瓜
dāng shì shǎ guā

반수 이상 판쑤이샹	半数以上 bàn shù yǐ shàng
반응 판잉	反应 fǎn yìng
반응이 없다. 메이유판잉	没有反应 méi yǒu fǎn yìng
반응이 있다. 유판잉	有反应 yǒu fǎn yìng
반지 찌에즈	戒指 jiè zhi
반찬 차이	菜 cài
반하다. 미쭈	迷住 mí zhù
반항 판캉	反抗 fǎn kàng
반항기 판캉치	反抗期 fǎn kàng qī
반항하다. 판캉	反抗 fǎn kàng
받다. 찌에	接 jiē
받아들이다. 찌에서우	接收 jiē shōu
받아쥐다. 찌에	接 jiē
받치다. 투어	托 tuō
발 죠	脚 jiǎo
발견 파씨엔	发现 fā xiàn
발견되다. 페이파씨엔	被发现 bèi fā xiàn
바보 같은 짓을 하다. 쭈어사쓰	做傻事 zuò shǎ shì

반항해도 소용없다.　　　　　即使反抗也没有用
지스판캉예메이유융　　ji shǐ fǎn kàng yě méi yǒu yòng

밖에서 기다리고 있을게요.　　　　我在外边等您
워짜이와이비엔덩닌　　wǒ zài wài bian děng nín

받을 빚이 있다.　　　　　　　　　有债要收
유짜이요서우　　　　　　　yǒu zhài yào shōu

바

| 바쁘지 않습니다. | 不忙 |
| 뿌망 | bù máng |

| 발견하다. | 发现 |
| 파씨엔 | fā xiàn |

| 발끝 | 脚尖 |
| 죠찌엔 | jiǎo jiān |

| 발명 | 发明 |
| 파밍 | fā míng |

| 발밑 | 脚底下 |
| 죠디샤 | jiǎo dǐ xia |

| 발음 | 发音 |
| 파인 | fā yīn |

| 발음이 좋다. | 发音好 |
| 파인하오 | fā yīn hǎo |

| 발이 넓다. | 脚宽 |
| 죠콴 | jiǎo kuān |

| 발이 아프다. | 脚疼 |
| 죠텅 | jiǎo téng |

| 발차 | 发车 |
| 파처 | fā chē |

| 밝다 | 开朗 |
| 카이랑 | kāi lǎng |

| 밟다. | 踩 |
| 차이 | cǎi |

| 밤(식물) | 栗子 |
| 리즈 | lì zi |

| 밤(야간) | 夜 |
| 예 | yè |

| 밤놀이 | 夜生活 |
| 예셩훠 | yè shēng huó |

| 밤늦게 | 深夜 |
| 썬예 | shēn yè |

| 밝은 성격 | 开朗的性格 |
| 카이랑더씽거 | kāi lǎng de xìng gé |

| 밥 먹으러 갑시다. | 吃饭去吧 |
| 츠판취바 | chī fàn qù ba |

| 밥을 먹으러 가고 싶다. | 想去吃饭 |
| 샹취츠판 | xiǎng qù chī fàn |

| 밥을 좀 더 주세요. | 再给来点米饭 |
| 짜이게이라이디엔미판 | zài gěi lái diǎn mǐ fàn |

| 밥 | 饭 | 방면 | 方面 |
| 판 | fàn | 팡미엔 | fāng miàn |

| 밥공기 | 饭碗 | 방문하다. | 访问 |
| 판완 | fàn wǎn | 팡원 | fǎng wèn |

| 밥을 먹고 싶다. | 想吃饭 | 방법 | 方法 |
| 샹츠판 | xiǎng chī fàn | 팡파 | fāng fǎ |

| 밥 주세요. | 给我米饭 | 방석 | 坐垫 |
| 게이워미판 | gěi wǒ mǐ fàn | 쭈어띠엔 | zuò diàn |

| 방 | 房间 | 방세 | 房租 |
| 팡찌엔 | fáng jiān | 팡쭈 | fáng zū |

| 방귀 | 屁 | 방송 | 广播 |
| 피 | pì | 광쁘어 | guǎng bō |

밥이나 먹으면서 이야기합시다. 边吃边讲吧
비엔츠비엔쟝바　　　　biān chī biān jiǎng ba

방금 도착했습니다. 刚到
깡또　　　　gāng dào

방문해도 좋습니까? 可以去访问吗？
커이취팡원마　　　　kě yǐ qù fǎng wèn ma

방을 더 따뜻하게 해 주세요 请把房间再烧暖和些
칭바팡찌엔짜이쏘난훠씨에
　　　　qǐng bǎ fáng jiān zài shāo nuǎn huo xiē

방을 바꾸고 싶은데요. 想换个房间
샹환거팡찌엔　　　　xiǎng huàn ge fáng jiān

바

방수	防水
팡수이	fáng shuǐ

방을 청소하다.	打扫屋子
다소우즈	dǎ sǎo wū zi

방지하다.	防止
팡즈	fáng zhǐ

방편	方便
팡삐엔	fāng biàn

방해	妨碍
팡아이	fáng ài

방해하다.	妨碍
팡아이	fáng ài

방향	方向
팡샹	fāng xiàng

밭	田地
티엔띠	tián dì

배	船
추안	chuán

배가 고프다.	饿
어	è

배경	背景
뻬이징	bèi jǐng

배꼽	肚脐
뚜치	dù qí

배멀미	晕船
윈추안	yùn chuán

배부르다.	饱
바오	bǎo

배상	赔偿
페이창	péi cháng

배신자.	叛徒
판투	pàn tú

배신하다.	背叛
뻬이판	bèi pàn

배우	演员
옌웬	yǎn yuán

배우다.	学习
쉬시	xué xí

배웅	送行
쑹싱	sòng xíng

방한복이 필요합니다. 需要防寒服
쒸요팡한푸　　　　　xū yào fáng fán fú

방향이 틀리는데요. 方向不对
팡샹부뚜이　　　　　fāng xiàng bú duì

| 배웅하다. | 送 | 버드나무 | 柳树 |
| 쑹 | sòng | 류쑤 | liǔ shù |

| 배편 | 走船 | 버릇 | 习惯 |
| 저우추안 | zǒu chuán | 시꾸안 | xí guàn |

| 백금 | 白金 | 버릇이 되다. | 成习惯 |
| 바이찐 | bái jīn | 청시꾸안 | chéng xí guàn |

| 백발 | 白发 | 버릇이 있다. | 有习惯 |
| 바이파 | bái fà | 유시꾸안 | yǒu xí guàn |

| 백색 | 白色 | 버리다. | 扔掉 |
| 바이써 | bái sè | 렁띠아오 | rēng diào |

| 백합 | 百合 | 버스 | 公共汽车 |
| 바이허 | bǎi hé | 꿍꿍치처 | gōng gòng qì chē |

| 뱀 | 蛇 | 버터 | 黄油 |
| 스어 | shé | 황유 | huáng yóu |

| 뱉다. | 吐 | 번개 | 闪电 |
| 투 | tǔ | 산띠엔 | shǎn diàn |

| 뱉아내다. | 吐 | 번역 | 翻译 |
| 투 | tù | 판이 | fān yì |

배경이 나쁘다.
뻬이징뿌하오
背景不好
bèi jǐng bù hǎo

백화점
바이훠쌍띠엔
百货商店
bǎi huò shāng diàn

번화한 거리
판화더찌에또
繁华的街道
fán huá de jiē dào

번지	编号
삐엔하오	biān hào

번창	繁荣
판롱	fán róng

번호	号码
하오마	hào mǎ

번화가	繁华街
판화찌에	fán huá jiē

번화하다.	繁华
판화	fán huá

벌(곤충)	蜂
펑	fēng

벌(처벌)	罚
파	fá

벌거벗다.	脱光
투어광	tuō guāng

벌꿀	蜂蜜
펑미	fēng mì

벌금	罚金
파찐	fá jīn

벌다	裂开
리에카이	liè kāi

벌레	虫
충	chóng

벌써	已经
이찡	yǐ jīng

벌을 받다.	受罚
써우파	shòu fá

벌이가 됩니까?	挣钱吗?
쩡치엔마	zhèng qián ma

범례	凡例
판리	fán lì

범에게 날개	如虎添翼
루후티엔이	rú hǔ tiān yì

법인	法人
파런	fǎ rén

범죄	犯罪
판쭈이	fàn zuì

법률	法律
파뤼	fǎ lǜ

법학	法学
파쉐	fǎ xué

벗기다(옷).	脱(衣服)
투어(이푸)	tuō(yī fu)

벗기다(껍질).	剥(皮)
뽀(피)	bāo(pí)

벗다.	脱
투어	tuō

벚꽃 잉화	樱花 yīng huā	변통 삐엔퉁	变通 biàn tōng
벚꽃이 피다. 잉화카이러	樱花开了 yīng huā kāi le	변하다. 삐엔	变 biàn
베게 전터우	枕头 zhěn tou	변 했다. 삐엔러	变了 biàn le
벼룩 탸오즈	跳子 tiào zi	변호사 뤼스	律师 lǜ shī
벽 삐	壁 bì	변화 삐엔화	变化 biàn huà
벽장 삐추	壁橱 bì chú	별 씽	星 xīng
변경하다. 삐엔껑	变更 biàn gēng	별로 뿌전머	不怎么 bù zěn me
변태 삐엔타이	变态 biàn tài	병(유리용기) 핑즈	瓶子 píng zi

변덕부리다.
삐엔화우창

变化无常
biàn huà wú cháng

변덕쟁이
삐엔화우창더런

变化无常的人
biàn huà wú cháng de rén

벌써 그렇게 되었습니까?
이징나양러마

已经那样了吗?
yǐ jīng nà yàng le ma

변화에 민감하다.
뚜이삐엔화민간

对变化敏感
duì biàn huà mín gǎn

바

101

병(생리)	病
삥	bìng

병에 걸리다.	得病
더삥	dé bìng

병원	医院
이외엔	yī yuàn

병을 고치다.	治病
쯔삥	zhì bìng

병이 났다.	有病
유삥	yǒu bìng

병자	病人
삥런	bìng rén

보고 배우다.	学
쉐	xué

보고 싶다.	想念
샹니엔	xiǎng niàn

보고 있다.	看
칸	kàn

보관	保管
보관	bǎo guǎn

보관하다.	保管
보관	bǎo guǎn

보기 싫다.	讨厌见
토옌찌엔	bǎo yàn jiàn

보기 흉하다.	不好看
뿌하오칸	bù hǎo kàn

보내다.	送
쑹	sòng

보내 주십시오.	请…送…
칭…쑹…	qǐng sòng

보냅니다.	送
쑹	sòng

보도	报道
뽀또	bào dào

보람이 있다.	有意义
유이이	yǒu yì yì

보람이 없다.	没有意义
메이유이이	méi yǒu yì yì

보러 가다.	去拜访
취빠이팡	qù bài fǎng

보러 가자.	去看看
취칸칸	qù kàn kàn

보러 갈까요?	去看吗？
취칸마	qù kàn ma

보류하다.	保留
보류	bǎo liú

보리	大麦
따마이	dà mài

보리밥 따마이판	大麦饭 dà mài fàn	보자기 뽀궈	包裹 bāo guǒ
보살피다. 쪼구	照顾 zhào gù	보조개 쥬워	酒涡 jiǔ wō
보상하다. 부창	补偿 bǔ cháng	보조하다. 부쭈	补助 bǔ zhù
보석 보스	宝石 bǎo shí	보존 보춘	保存 bǎo cún
보수 뽀처우	报酬 bào chóu	보증금 보쩡찐	保证金 bǎo zhèng jīn
보십시오. 칸	看 kàn	보채다. 나오	闹 nào
보여주다. 칸	看 kàn	보통 푸퉁	普通 pǔ tōng
보여주세요. 칭게이…칸	请给…看 qǐng gěi kàn	보험 보시엔	保险 bǎo xiǎn
보여주지 않다. 뿌게이칸	不给看 bù gěi kàn	보호 보후	保护 bǎo hù
보이다. 칸찌엔	看见 kàn jiàn	복숭아 타오	桃 táo
보이지 않다. 칸뿌조	看不着 kàn bù zháo	복잡하다. 푸자	复杂 fù zá
보러 가고 싶다. 샹취찌엔이미엔		想去见一面 xiǎng qù jiàn yī miàn	

본명 번밍	本名 běn míng	부끄러워하다. 하이슈	害羞 hài xiū
본심 번씬	本心 běn xīn	부끄럽다. 찬 쿠이	惭愧 cán kuì
본인 번런	本人 běn rén	부드럽다. 러우루안	柔软 róu ruǎn
볼일 요빤더쓰	要办的事 yào bàn de shì	부딪치다 펑쭈앙	碰撞 pèng zhuàng
볼일이 있다. 유쓰	有事 yǒu shì	부러워하다. 씨엔무	羡慕 xiàn mù
볼일이 있어서 인워이유쓰	因为有事 yīn wèi yǒu shì	부럽다. 옌훙	眼红 yǎn hóng
봄 춘티엔	春天 chūn tiān	부르다. 찌오	叫 jiào
봄 방학 춘쟈	春假 chūn jià	부르짖다. 후찌오	呼叫 hū jiào
봉지 따얼	袋儿 dàir	부부 푸푸	夫妇 fū fù
봉투 신펑	信封 xìn fēng	부산하다. 망루안	忙乱 máng luàn

본 기억이 있다.
하오썅찌엔꿔

好像见过
hǎo xiàng jiàn guò

뵙고 싶습니다.
썅빠이팡니

想拜访你
xiǎng bài fǎng nǐ

부상 푸쌍	负伤 fù shāng	부추 지우차이	韭菜 jiǔ cài
부수다. 다수이	打碎 dǎ suì	부탁받다. 주투어	嘱托 zhǔ tuō
부엌 추팡	厨房 chú fáng	부탁하다. 웨이투어	委托 wěi tuō
부인 푸런	夫人 fū rén	부탁합니다. 빠이투어	拜托 bài tuō
부자 푸즈	父子 fù zi	부탁해 놓다. 투어런	托人 tuō rén
부재중 부짜이	不在 bú zài	~부터 ~까지 충~또	从…到 cóng dào
부정직 부쩡즈	不正直 bú zhèng zhí	부패 푸빠이	腐败 fǔ bài
부족 뿌주	不足 bù zú	부패하다. 푸란	腐烂 fǔ làn
부주의 부쭈이	不注意 bú zhù yì	부피가 늘다. 쩡쟈티지	增加体积 zēng jiā tǐ jī
부주의 였습니다. 수후	疏忽 shū hū	북(방향) 베이	北 běi
부채 치엔짜이	欠债 qiàn zhài	북(악기) 구	鼓 gǔ
부처 프어	佛 fó	북부 베이뿌	北部 běi bù

바

한국어	발음	중국어	병음
분개하다.	펀카이	愤慨	fèn kǎi
부탁이 있는데요	빠이투어	拜托	bài tuō
분류하다.	펀러이	分类	fēn lèi
분발하다.	쩐펀	振奋	zhèn fèn
분수	펀수이	喷水	pēn shuǐ
분실하다.	띠우스	丢失	diū shī
분위기	치펀	气氛	qì fēn
분쟁	쥬펀	纠纷	jiū fēn
분하다.	치펀	气愤	qì fèn
분홍색	토홍써	桃红色	táo hóng sè
불	후어	火	huǒ
불가능	부커넝	不可能	bù kě néng
불경기	뿌징치	不景气	bù jǐng qì
불교	푸어찌오	佛教	fó jiào
불러 주세요.	칭찌오이샤	请叫一下	qǐng jiào yī xià
불리	부리	不利	bú lì
불리다(이름).	찌오밍즈	叫(名字)	jiào míng zi
불만	뿌만	不满	bù mǎn
불만입니다.	뿌만이	不满意	bù mǎn yì
불명예	뿌꽝차이	不光彩	bù guāng cǎi

볼일을 마치고 만나지요.
빤완스짜이찌엔미엔바　办完事再见面吧　bàn wán shì zài jiàn miàn ba

부디 몸조심 하십시오.
이띵요쭈이선티　一定要注意身体　yī dìng yào zhù yì shēn tǐ

불빛 / 덩광	灯光 dēng guāng
불쌍하다. / 커리엔	可怜 kě lián
불쌍히 여기다. / 링런리엔민	令人怜悯 lìng rén lián mǐn
불유쾌 / 뿌위콰이	不愉快 bù yú kuài
불의 / 부이	不意 bú yì
불찬성 / 부짠청	不赞成 bú zàn chéng
불쾌하다. / 뿌꼬씽	不高兴 bù gāo xìng
불편하다. / 뿌팡삐엔	不方便 bù fāng biàn
불평 / 뿌핑	不平 bù píng
불평하다. / 뽀외엔	抱怨 bào yuàn
붙임성이 없다. / 부싼위쟈오지	不善于交际 bú shàn yú jiāo jì
비가 올 듯하다. / 커넝요샤위	可能要下雨 kě néng yào xià yǔ
불필요 / 뿌쉬요	不需要 bù xū yào
붙이다. / 티에	贴 tiē
붙임성이 있다. / 싼위쟈오지	善于交际 shàn yú jiāo jì
붙잡다. / 쭈아쭈	抓住 zhuā zhù
비 / 위	雨 yǔ
비가 오다. / 샤위	下雨 xià yǔ
비결 / 미쥐	秘诀 mì jué
비교 / 비쟈오	比较 bǐ jiào
비교하다. / 비쟈오	比较 bǐ jiào
비교해보다. / 샹비	相比 xiāng bǐ

비굴	卑鄙	비슷하다	相似
뻬이비	bēi bǐ	샹스	xiāng sì

비누	肥皂	비어 있다.	空着
페이짜오	féi zào	쿵저	kòng zhe

비늘	鳞	비에 젖다.	淋雨
린	lín	린위	lín yǔ

비둘기	鸽子	비열하다.	卑劣
꺼즈	gē zi	뻬이리에	bēi liè

비뚤어지다.	歪	비용	费用
와이	wāi	페이융	fèi yòng

비리다.	腥臭	비용이 들다.	需要费用
씽처우	xīng chòu	쒸야오페이융	xū yào fèi yòng

비밀	秘密	비우다.	空出
미미	mì mì	쿵추	kòng chū

비번	不值班	비위를 맞추다.	迎合人家
뿌즈반	bù zhí bān	잉허런쟈	yíng hé rén jiā

비상구	太平门	비율	比率
타이핑먼	tài píng mén	비뤼	bǐ lǜ

비서	秘书	비참한 인생	悲惨人生
미수	mì shū	뻬이찬런성	bēi cǎn rén shēng

비가 올 것 같습니다.	可能要下雨
커넝요샤위	kě néng yào xià yǔ

비상식적	非常识性
페이창스씽	fēi cháng shí xìng

비치다(햇살). 짜오(양광)	照(阳光) zhào(yáng guāng)
비틀다. 니우	扭 niǔ
비행기 페이지	飞机 fēi jī
빈자리 쿵워이즈	空位子 kōng wèi zi
빈틈 러우뚱	漏洞 lòu dòng
빌다. 치타오	乞讨 qǐ tǎo
빌려주다. 찌에게이	借给 jiè gěi
빌리다. 찌에	借 jiè
빙수 빙수이	冰水 bīng shuǐ
빚 짜이	债 zhài
빚을 갚다. 환짜이	还债 huán zhài
빚이 있다. 유짜이	有债 yǒu zhài
빚지다. 치엔짜이	欠债 qiàn zhài
빛 꾸앙	光 guāng
빛나다. 파광	发光 fā guāng
빛좋은 개살구 화얼부스	华而不实 huá ér bù shí
빠르다. 콰이	快 kuài
빠른 것이 좋다. 콰이더하오	快的好 kuài de hǎo
빠지다. 투어뤄	脱落 tuō luò
빤히 쳐다보다. 무부주안징	目不转睛 mù bù zhuǎn jīng
빈둥거리다. 유서우하오시엔	游手好闲 yóu shǒu hào xián
빈틈없다. 메이유러우뚱	没有漏洞 méi yǒu lòu dòng

바

빨간	红色
홍쓰어	hóng sè

빨간 신호	红灯
훙덩	hóng dēng

빨다.	吸
시	xī

빨리	赶紧
간진	gǎn jǐn

빨리 가세요.	早点儿去吧
조디엔취바	zǎo diǎnr qù ba

빨리 오세요.	快点来
콰이디엔라이	kuài diǎn lái

빨리 합시다.	赶紧做吧
간진쭈어바	gǎn jǐn zuò ba

빵	面包
미엔뽀	miàn bāo

빵꾸	露马脚
러우마죠	lòu mǎ jiǎo

빼앗기다.	夺去
두어취	duó qù

빼앗다.	抢
챵	qiǎng

뻐드랑니	暴牙
뽀야	bào yá

뻔뻔스럽다.	厚颜无耻
허우옌우츠	hòu yán wú chǐ

뻔뻔하다.	不要脸
부요리엔	bú yào liǎn

뼈	骨头
구터우	gǔ tou

뽐내다.	出风头
추펑터우	chū fēng tou

뽑다.	拔
바	bá

뿌리다.	洒
사	sǎ

뿔	角
죠	jiǎo

삐치다	使性子
스씽즈	shǐ xìng zi

빨리 해 주세요.	请快点做吧
칭콰이디엔쭈어바	qǐng kuài diǎn zuò ba

빈틈없이 잘한다.	没有漏洞干的好
메이유러우뚱 깐더하오	méi yǒu lòu dòng gàn de hǎo

사

중국여행120

| 사고 | 事故 | 사람이 좋다. | 人好 |
| 스꾸 | shì gù | 런하오 | rén hǎo |

| 사과하다. | 歉意 | 사랑 | 爱 |
| 치엔이 | qiàn yì | 아이 | ài |

| 사교 | 社交 | 사랑하고 있어요. | 在爱着 |
| 써죠 | shè jiāo | 짜이아이저 | zài ài zhe |

| 사기 | 欺诈 | 사랑하지 않습니다. | 不爱 |
| 치짜 | qī zhà | 부아이 | bú ài |

| 사다. | 买 | 사랑합니다. | 爱 |
| 마이 | mǎi | 아이 | ài |

| 사람 | 人 | 사무소(오피스) | 事务所 |
| 런 | rén | 쓰우쉬 | shì wù suǒ |

| 사람이 나쁘다. | 人坏 | 사랑받고 있어요. | 被爱着 |
| 런화이 | rén huài | 뻬이아이저 | bèi ài zhe |

사과합니다. 表示道歉
뱌오스또치엔 biǎo shì dào qiàn

사는 보람이 없다. 活着没有意义
훠저메이유이이 huó zhe méi yǒu yì yì

사과하실 필요는 없습니다. 没必要道歉
메이삐요또치엔 méi bì yào dào qiàn

사람을 불러 주세요. 请给叫一下
칭게이찌오이샤 qǐng gěi jiào yī xià

사람이 오기 전에 끝냅시다. 在人们来以前结束吧
짜이런먼라이이치엔지에쑤바 zài rén men lái yǐ qián jié shù ba

사

사무원 꿍쭈어웬	工作员 gōng zuò yuán	사전 츠디엔	词典 cí diǎn
사상 쓰샹	思想 sī xiǎng	사진 샹피엔	相片 xiàng piān
사실 쓰스	事实 shì shí	사진을 찍다. 쪼샹	照相 zhào xiàng
사양하다. 투이츠	推辞 tuī cí	사촌 탕슝띠	堂兄弟 táng xiōng dì
사오세요. 마이후이라이	买回来 mǎi huí lai	사양하지 마세요. 비에커치	别客气 bié kè qì
사용 스융	使用 shǐ yòng	사치 셔츠	奢侈 shē chǐ
사용자 스융저	使用者 shǐ yòng zhě	사탕 탕	糖 táng
사용하다. 스융	使用 shǐ yòng	사회 셔후이	社会 shè huì
사이 즈찌엔	之间 zhī jiān	사흘간 싼르찌엔	三日间 sān rì jiān
사이가 좋다. 꾸안씨하오	关系好 guān xì hǎo	산 싼	山 shān
사이를 두다. 거…찌엔거	隔…间隔 gé jiān gé	산돼지 예쭈	野猪 yě zhū
사장 스어장	社长 shè zhǎng	산맥 싼마이	山脉 shān mài

산업 찬예	产业 chǎn yè	살갗 피푸	皮肤 pí fū
산책 싼뿌	散步 sàn bù	살짝 칭칭더	轻轻地 qīng qīng de

사전에 알리세요.　　　　　　　　请事先通知一下
칭쓰씨엔퉁즈이샤　　　　　qǐng shì xiān tōng zhī yī xià

사전에 일러 주세요.　　　　　　　请事先提醒一下
칭쓰씨엔티싱이샤　　　　　qǐng shì xiān tí xǐng yī xià

사진을 동봉합니다.　　　　　　　　相片付在信内
샹피엔푸짜이씬내이　　　　　xiàng piān fù zài xìn nèi

사진을 찍게 해 주십시오.　　　　　　请让照个相吧
칭랑쪼거썅바　　　　　　qǐng ràng zhào ge xiàng ba

사진을 찍어도 좋습니까?　　　　　　　可以照相吗？
커이쪼썅마　　　　　　　kě yǐ zhào xiàng ma

사진이 되면 나중에 한 장 보내드릴께요.
　　　　　　　　　等相片洗出来后寄给您一张
덩썅피엔시추라이허우 찌게이닌이장
　děng xiàng piān xǐ chū lái hòu jì gěi nín yī zhāng

사치스러운 말하지마.　　　　　　　　别说好听的
비에숴하오팅더　　　　　　bié shuō hǎo tīng de

사치는 그만둡시다.　　　　　　　　　不要奢侈
부요쎠츠　　　　　　　　bú yào shē chǐ

산책이나 할까요?　　　　　　　　　散散步好吗？
싼싼뿌 하오마　　　　　　sàn sàn bù hǎo ma

사

살다.	生活	상당히	相当
썽훠	shēng huó	썅땅	xiāng dāng
살무사	蝮蛇	상대방	对方
푸서	fù shé	뚜이팡	duì fāng
살이 찌다.	长肉	상류(장강)	上游
장러우	zhǎng ròu	쌍유	shàng yóu
살짝	悄悄地	상류(계층)	上流
쵸쵸더	qiāo qiāo de	쌍류	shàng liú
삶다.	煮	상류 사회	上流社会
주	zhǔ	쌍류써후이	shàng liú shè huì
삼가해 주십시오.	謹慎	상사	上司
진썬	jǐn shèn	쌍쓰	shàng si
삼류	三流	상상하다.	想像
싼류	sān liú	썅썅	xiǎng xiàng
삼베	麻布	상세하다.	详细
마뿌	má bù	썅씨	xiáng xì
상관 마세요.	请别管	상식	常识
칭비에관	qǐng bié guǎn	창스	cháng shi
상냥하다.	和蔼	상식 문제	常识问题
허아이	hé ǎi	창스원티	cháng shi wèn tí
상담하다.	洽谈	상식을 벗어나다.	脱离常识
챠탄	qià tán	투어리창스	tuō lí cháng shi
상담합시다.	商谈	상업	商业
쌍탄	shāng tán	쌍예	shāng yè

상용	常用	상품	商品
창융	cháng yòng	쌍핀	shāng pǐn

상의	上衣	새롭다.	新
쌍이	shàng yī	씬	xīn

상의를 벗다.	脱上衣	새삼스럽게	新奇
투어쌍이	tuō shàng yī	씬치	xīn qí

상자	箱子	색깔	颜色
샹즈	xiāng zi	옌써	yán sè

상점	商店	색정	色情
쌍띠엔	shāng diàn	써칭	sè qíng

상점가	商业街	샘	泉
쌍예찌에	shāng yè jiē	최엔	quán

상처	伤口	생각난다.	想起
쌍커우	shāng kǒu	샹치	xiáng qǐ

상쾌하다.	爽快	생각하다.	想
솽콰이	shuǎng kuài	샹	xiǎng

상태	状态	생년월일	生年月日
쭈앙타이	zhuàng tài	썽니엔웨르	shēng nián yuè rì

상태가 좋다.	状态好	생도	学生
쭈앙타이하오	zhuàng tài hǎo	쉐썽	xué sheng

상투수단	老一套做法	생맥주	生啤
로이토쭈어파	lǎo yī tào zuò fǎ	썽피	shēng pí

새해 복 많이 받으세요.　　　　　　　新年快乐
씬니엔콰이러　　　　　　　　　　　xīn nián kuài lè

생명	生命	생활하다.	生活
썽밍	shēng mìng	썽훠	shēng huó

생산	生产	서	西
썽찬	shēng chǎn	씨	xī

생선	鲜鱼	서늘하다.	凉快
씨엔위	xiān yú	량콰이	liáng kuài

생일	生日	서다(가던 발길을).	停住(脚步)
썽르	shēng rì	팅쭈죠뿌	tíng zhù(jiǎo bù)

생활	生活	서두르다.	急着
썽훠	shēng huó	지저	jí zhe

생활비	生活费	서두르세요.	急着
썽훠페이	shēng huó fèi	지저	jí zhe

생활을 위해서	为生活	서둘다.	急着
워이썽훠	wèi shēng huó	지저	jí zhe

생색내는 말을 하다. 说体面的话
쉬티미엔더화 shuō tǐ miàn de huà

생색내는 말을 하지 말라. 别说没体面的话
비에쉬메이티미엔더화 bié shuō méi tǐ miàn de huà

생일 축하합니다. 祝你生日快乐
쭈니성르콰이러 zhù nǐ shēng rì kuài lè

생활비를 벌다. 挣生活费
쩡썽훠페이 zhèng shēng huó fèi

생활이 곤란하다. 生活困难
성훠쿤난 shēng huó kùn nan

서툴다. 썽잉	生硬 shēng yìng	섞이다. 룽허	溶合 róng hé
서랍 처우티	抽屉 chōu tì	석탄 메이탄	煤炭 méi tàn
서로 썅후	相互 xiāng hù	선객이 있다. 유청커	有乘客 yǒu chéng kè
서류 원찌엔	文件 wén jiàn	선거 쇠엔쥐	选举 xuán jǔ
서명 수밍	署名 shǔ míng	선금 띵찐	定金 dìng jīn
서서히 쉬쉬	徐徐 xú xú	선명 시엔밍	鲜明 xiān míng
서재 쑤자이	书斋 shū zhāi	선물 리우	礼物 lǐ wù
섞다. 훈허	混合 hùn hé	선반 그어반	搁板 gé bǎn
석유 스유	石油 shí yóu	선배 치엔뻬이	前辈 qián bèi

서로 알게 되다. 相互了解
썅후료지에 xiāng hù liǎo jiě

서로 이야기하다. 互相抢着说
후샹챵저숴 hù xiāng qiǎng zhe shuō

서울까지 몇 시간 걸립니까? 到汉城需要几个小时？
또한청쉬요지거쇼스 dào hàn chéng xū yào jǐ ge xiǎo shí

선보다 샹친	相亲 xiāng qīn	**설비** 써뻐이	设备 shè bèi
선불 위푸	预付 yù fù	**설사** 푸쎼	腹泻 fù xiè
선생님 씨엔썽	先生 xiān sheng	**섬** 도	岛 dǎo
선수 쇠엔서우	选手 xuǎn shǒu	**섬나라 근성** 도궈	岛国 dǎo guó
선약이 있다. 외후이	约会 yuē huì	**성** 청	城 chéng
선전 쇠엔추안	宣传 xuān chuán	**성공** 청궁	成功 chéng gōng
선택하다. 쇠엔저	选择 xuǎn zé	**성급하다.** 지치에	急切 jí qiè
선풍기 띠엔펑산	电风扇 diàn fēng shàn	**성냥** 훠차이	火柴 huǒ chái
설마 난또	难道 nán dào	**성명** 씽밍	姓名 xìng míng
설명 쉬밍	说明 shuō míng	**성실** 청스	诚实 chéng shí

설마 모르겠지.
워이삐쯔또바

未必知道吧
wèi bì zhī dào ba

섬유 제품
씨엔워이즈핀

纤维制品
xiān wéi zhì pǐn

성실한 사람	诚实的人
청스더런	chéng shí de rén

성심을 다하다.	尽诚心
찐청씬	jìn chéng xīn

성의	诚意
청이	chéng yì

성의가 없다.	没有诚意
메이유청이	méi yǒu chéng yì

성질이 급하다.	性格急
씽거지	xìng gé jí

성질이 느긋하다.	慢条斯理儿
만툐스리을	màn tiáo sī lǐr

성질이 좋다.	脾气好
피치하오	pí qì hǎo

성취	成就
청쥬	chéng jiù

성취하다.	成功
청궁	chéng gōng

세계	世界
쓰찌에	shì jiè

세관	海关
하이관	hǎi guān

세균	细菌
씨쥔	xì jūn

성질이 부드럽다.	性格温和
씽거원허	xìng gé wēn hé

세금	税金
쑤이	shuì jīn

세련	老练
로리엔	lǎo liàn

세면 도구	盥洗用具
꾸안시용쮜	guàn xǐ yòng jù

세배 돈	压岁钱
야쑤이치엔	yā suì qián

세우다(책).	立
리	lì

세우다(차).	停(车)
팅처	tíng(chē)

세차다.	激烈
찌리에	jī liè

성미 급한 사람
씽거지쪼더런
性格急躁的人
xìng gé jí zào de rén

성함이 어떻게 되시지요?
닌꾸이씽
您贵姓？
nín guì xìng

세탁소 깐시띠엔	干洗店 gān xǐ diàn	소고기 뉴러우	牛肉 niú ròu
셋 싼	三 sān	소꿉친구 칭메이주마	青梅竹马 qīng méi zhú mǎ
셋방 추쭈팡찌엔	出租房间 chū zū fáng jiān	소나무 쑹쑤	松树 sōng shù
셋집 쭈팡	租房 zū fáng	소독 쏘두	消毒 xiāo dú
셋집 주인 팡뚱	房东 fáng dōng	소띠 수뉴	属牛 shǔ niú
소개 찌에쏘	介绍 jiè shào	소리 썽인	声音 shēng yīn
소개받다. 찌에쏘	介绍 jiè shào	소리가 나다. 유뚱찡	有动静 yǒu dòng jìng
소개료 찌에쏘페이	介绍费 jiè shào fèi	소름 끼치다. 링런한씬	令人寒心 lìng rén hán xīn
소개하다. 찌에쏘	介绍 jiè shào	소리를 내다. 파추썽샹	发出声响 fā chū shēng xiǎng

세탁해 주세요.   请给我干洗
칭게이워깐시   qǐng gěi wǒ gān xǐ

세금을 내지 않으면 안 된다.   不可以不纳税
뿌커이부나수이   bù kě yǐ bú nà shuì

셔터를 눌러 주시겠어요?   能给按一下快门吗？
넝게이언이싸콰이먼마   néng gěi àn yī xià kuài mén ma

소리치다.	叫喊	소화	消化
찌오한	jiào hǎn	쑈화	xiāo huà

소매치기	扒手	소화제	消化剂
파서우	pá shǒu	쑈화찌	xiāo huà jì

소모	消耗	속눈썹	眼睫毛
쑈하오	xiāo hào	옌지에모	yǎn jié máo

소문	传闻	속다.	受骗
추안원	chuán wén	써우피엔	shòu piàn

소방차	消防车	속달	快递
쑈팡처	xiāo fáng chē	콰이띠	kuài dì

소식	消息	속달 편지	快件
쑈시	xiāo xi	콰이찌엔	kuài jiàn

소포	包裹	속박	束缚
뽀궈	bāo guǒ	쑤푸	shù fù

소홀히하다.	疏忽	속속들이 잘 알다.	全部了解
쑤후	shū hu	취엔뿌료지에	quán bù liǎo jiě

소문이 퍼지다. 消息传开
쑈시추안카이   xiāo xi chuán kāi

소화 불량 消化不良
쑈화뿌량   xiāo huà bù liáng

속박하지 마세요. 别束缚
비에쑤푸   bié shù fù

속박 하지 않겠습니다. 不会束缚
부후이쑤푸   bú huì shù fù

속에 넣다.	装在心里
쭈앙짜이씬리	zhuāng zài xīn li
속이다.	骗
피엔	piàn
손	手
서우	shǒu
손가락	手指
서우즈	shǒu zhǐ
손금	手相
서우샹	shǒu xiàng
손님	客人
커런	kè rén
손대다.	动手
뚱서우	dòng shǒu
손목 시계	手表
서우뱌오	shǒu biǎo
손수건	手绢儿
서우쮜얼	shǒu juànr
손에 잡다.	拿在手里
나짜이서우리	ná zài shǒu li
손해를 보다.	蒙受损失
멍써우순스	méng shòu sǔn shī
송료는 얼마지요?	运费是多少？
윈페이쓰뚜어소	yùn fèi shì duō shǎo
손이 곱다(추워서).	手好看
서우하오칸	shǒu hǎo kàn
손톱	指甲
즈쟈	zhǐ jiǎ
솜씨가 좋다.	手艺好
서우이하오	shǒu yì hǎo
송금	汇款
후이콴	huì kuǎn
송별회	欢送会
환쑹후이	huān sòng huì
수	数
쑤	shù
수건	毛巾
모진	máo jīn
수고하십니다.	辛苦了
씬쿠러	xīn kǔ le
수단	手段
서우뚜안	shǒu duàn
수당	报酬
뽀처우	bào chou

수도 쯔라이수이	自来水 zì lái shuǐ	수속 서우쒸	手续 shǒu xù
수도꼭지 수이룽터우	水龙头 shuǐ lóng tou	수수료 서우쒸페이	手续费 shǒu xù fèi
수를 세다. 수쑤	数数 shǔ shù	수수하다. 푸퉁	普通 pǔ tōng
수리 쑤리	修理 xiū lǐ	수술 서우쑤	手术 shǒu shù
수산 수이찬	水产 shuǐ chǎn	수염 후즈	胡子 hú zi
수상쩍다. 커이	可疑 kě yí	수영 유융	游泳 yóu yǒng
수상히 여기다. 간또커이	感到可疑 gǎn dào kě yí	수고하셨습니다. 씬쿠러	辛苦了 xīn kǔ le
수선 쑤리	修理 xiū lǐ	수위 서우워이	守卫 shǒu wèi

사

수단 방법
서우뚜안위팡파
手段与方法
shǒu duàn yǔ fāng fǎ

수산시장
수이찬쓰창
水产市场
shuǐ chǎn shì chǎng

수단 방법을 가리지 않고
뿌저서우뚜안
不择手段
bù zé shǒu duàn

수완가
유차이넝더런
有才能的人
yǒu cái néng de rén

한국어	한자	한국어	한자
수입(소득) 써우루	收入 shōu rù	숙어 수위	熟语 shú yǔ
수입(무역) 찐커우	进口 jìn kǒu	숙원 쑤웬	宿愿 sù yuàn
수저 츠허콰이	匙和筷 chí hé kuài	숙제 쭈어예	作业 zuò yè
수준 수이준	水准 shuǐ zhǔn	숙취 쭈이쒼쒼	醉醺醺 zuì xūn xūn
수줍어하다. 하이쓔	害羞 hài xiū	순간 쑨찌엔	瞬间 shùn jiān
수출 추커우	出口 chū kǒu	순경 쉰징	巡警 xún jǐng
수표 쯔퍄오	支票 zhī piào	순금 춘찐	纯金 chún jīn
수화물 싱리	行李 xíng li	순면 춘미엔	纯绵 chún mián
숙녀 쓔뉘	淑女 shū nǚ	순모 춘모	纯毛 chún máo
숙련 수리엔	熟练 shú liàn	순번 쑨쒸	顺序 shùn xù
숙박 쭈쑤	住宿 zhù sù	순정 춘칭	纯情 chún qíng
숙박하다. 터우쑤	投宿 tóu sù	순조롭다. 쑨리	顺利 shùn lì

순종 　　　　　　　　　順从
쑨충　　　　　　　shùn cóng

순종하다. 　　　　　　服从
푸충　　　　　　　　fú cóng

순진하다. 　　　　　　纯真
춘전　　　　　　　chún zhēn

순하고 얌전하다. 　温順老实
원쑨로스　　wēn shùn lǎo shi

술 　　　　　　　　　　酒
쥬　　　　　　　　　　jiǔ

술버릇 　　　　喝酒的习惯
허쥬더시관　hē jiǔ de xí guàn

술은 못합니다. 　　不会喝酒
부후이허쥬　bú huì hē jiǔ

　술버릇이 나쁘다. 　喝酒习惯不好
　허쥬시관부하오　hē jiǔ xí guàn bù hǎo

　술이 세다. 　　　酒的度数太高
　쥬더뚜쑤타이까오　jiǔ de dù shù tài gāo

　술을 따르겠습니다. 　给您倒杯酒
　게이닌따뻬이쥬　gěi nín dào bēi jiǔ

　술을 마시러 갑시다. 　喝酒去吧
　허쥬취바　hē jiǔ qù ba

　술을 좋아하십니까? 　您好酒吗?
　닌하오쥬마　nín hào jiǔ ma

술을 마십니까? 　能喝酒吗?
넝허쥬마　　néng hē jiǔ ma

술을 마십니다. 　　　　喝
허　　　　　　　　　　hē

술을 좋아합니다. 　　　嗜酒
쓰쥬　　　　　　　　shì jiǔ

술이 깨다. 　　　　　　醒酒
싱쥬　　　　　　　　xǐng jiǔ

술을 마시러 갑니다. 　去喝酒
취허쥬　　　　　qù hē jiǔ

술이 약하다. 　　　不胜酒力
부성쥬리　　bú shèng jiǔ lì

숨 　　　　　　　　　呼吸
후씨　　　　　　　　hū xī

사

숨기는 일 인만더쓰	隐瞒的事儿 yǐn mán de shìr
숨기다. 인만	隐瞒 yǐn mán
숨기지 마. 부요인만	不要隐瞒 bú yào yǐn mán
숨다. 인창	隐藏 yǐn cáng
숫자 쑤쯔	数字 shù zì
숫컷 슝	雄 xióng
숭배 충빠이	崇拜 chóng bài
숯 탄	炭 tàn
숯불 갈비 코러우	烤肉 kǎo ròu
숲 쑤린	树林 shù lín
쉬고 싶다. 샹슈시	想休息 xiǎng xiū xi
쉬어도 됩니다. 커이슈시	可以休息 kě yǐ xiū xi
쉽다. 룽이	容易 róng yì
스님 허쌍	和尚 hé shàng
스페어키 뻬이융요스	备用钥匙 bèi yòng yào shi
습기차다. 초쓰	潮湿 cháo shī
승객 청커	乘客 chéng kè
승낙하다. 청눠	承诺 chéng nuò

숨을 필요는 없다.
메이삐요인창
没必要隐藏
méi bì yào yǐn cáng

쉬게 해 주세요.
칭랑워슈시바
请让我休息吧
qǐng ràng wǒ xiū xi ba

쉬어도 됩니까?
커이슈시마
可以休息吗？
kě yǐ xiū xi ma

한국어	발음	중국어	병음
승복할 수 없다.	뿌푸	不服	bù fú
슬기롭다.	찌쯔	机智	jī zhì
슬프다.	뻬이아이	悲哀	bēi āi
습관	시관	习惯	xí guàn
승낙하다.	청눠	承诺	chéng nuò
시	쓰	市	shì
시각	쓰쥐	视觉	shì jué
시간	스찌엔	时间	shí jiān
시간에 맞추다.	뚜이스찌엔	对时间	duì shí jiān
시간이 없습니다.	메이유스찌엔	没有时间	méi yǒu shí jiān
시계	쭝뱌오	钟表	zhōng biǎo
시골	샹샤	乡下	xiāng xià
시끄러워.	타이초러	太吵了	tài chǎo le
시끄럽다.	초자	吵杂	chǎo zá
시들다.	띠오씨에	凋谢	diāo xiè
시들하다.	쿠워이	枯萎	kū wěi
시발	스파	始发	shǐ fā
시설	써스	设施	shè shī
시세	항칭	行情	háng qíng
시시하다.	우료	无聊	wú liáo
시아버지	로꿍꿍	老公公	lǎo gōng gong
시어머니	퍼퍼	婆婆	pó po
시운전	쓰처	试车	shì chē
시원하다.	량콰이	凉快	liáng kuài

| 시작되다. | 开始 | 시험 | 试验 |
| 카이스 | kāi shǐ | 쓰옌 | shì yàn |

| 시작하다. | 开始 | 시험해 보다. | 试验 |
| 카이스 | kāi shǐ | 쓰옌 | shì yàn |

| 시작합시다. | 开始吧 | 식권 | 餐券 |
| 카이스바 | kāi shǐ ba | 찬쮜엔 | cān juàn |

| 시장 | 市场 | 식다. | 凉 |
| 쓰창 | shì chǎng | 량 | liáng |

| 시중들다. | 侍候 | 식당 | 食堂 |
| 쓰허우 | shì hòu | 스탕 | shí táng |

| 시치미를 떼다. | 装蒜 | 식물 | 植物 |
| 쭈앙쑤안 | zhuāng suàn | 즈우 | zhí wù |

| 시키다. | 使唤 | 식물원 | 植物园 |
| 스환 | shǐ huan | 즈우외엔 | zhí wù yuán |

시간 엄수　　　　　　　　　　　严守时间
옌서우 스찌엔　　　　　　　　yán shǒu shí jiān

시간이 늦어서 못타다.　　　　　没赶上车
메이간쌍처　　　　　　　　　méi gǎn shàng chē

시간 있으십니까?　　　　　　　有时间吗？
유스찌엔마　　　　　　　　　yǒu shí jiān ma

시시한 소리 하지마.　　　不要说那些无聊的话
부요쉬나씨에우료더화　　bú yào shuō nà xiē wú liáo de huà

시치미 떼지마.　　　　　　　　别装蒜了
비에쭈앙쑤안러　　　　　　　bié zhuāng suàn le

130

식사	吃饭	신경통	神经痛
츠판	chī fàn	선찡퉁	shén jīng tòng

식욕	食欲	신고하다.	申报
스위	shí yù	썬뽀	shēn bào

식욕이 나다.	增加食欲	신규	新规则
쩡쨔스위	zēng jiā shí yù	씬꾸이저	xīn guī zé

식은 땀	冷汗	신기하다.	神奇
렁한	lěng hàn	선치	shén qí

식히다.	冷却	신년	新年
렁췌	lěng què	씬니엔	xīn nián

신	神	식사하러 갑시다.	吃饭去吧
선	shén	츠판취바	chī fàn qù ba

신경을 쓰다.	费心	신다.	穿
페이씬	fèi xīn	추안	chuān

식사는 어디서 합니까? 在哪儿吃饭？
짜이날츠판　　　　　　　　　　　　zài nǎr chī fàn

식사하고 올게요. 吃完饭再过来
츠완판짜이꿔라이　　　　　　chī wán fàn zài guò lai

식사하러 갑니까? 吃饭去呀？
츠판취야　　　　　　　　　　　　chī fàn qù ya

식사하러 가는 중이에요. 함께 가실래요?
我们正要去吃饭，您也一块儿去吧？
워먼쩡요취츠판, 닌예이쾰취바
　　wǒ men zhèng yào qù chī fàn nín yě yī kuàir qù ba

신뢰	信赖
씬라이	xìn lài

신뢰하다.	信赖
씬라이	xìn lài

신문	报纸
뽀즈	bào zhǐ

신문 기자	新闻记者
씬원찌저	xīn wén jì zhě

신분증	身份证
썬펀쩡	shēn fèn zhèng

신사	绅士
썬쓰	shēn shì

신사복	西服
씨푸	xī fú

신선	新鲜
씬씨엔	xīn xiān

신세지다.	沾光
짠꽝	zhān guāng

신속	迅速
쒼쑤	xùn sù

신세졌습니다. 承蒙照顾
청멍쪼꾸 chéng méng zhào gù

신안 특허 新发明专利
씬파밍쭈안리 xīn fā míng zhuān lì

신식	新式
씬쓰	xīn shì

신용	信用
씬융	xìn yòng

신용할 수 없다.	不能相信
뿌넝샹씬	bù néng xiāng xìn

신용할 수 있다.	可以相信
커이샹씬	kě yǐ xiāng xìn

신인	新人
씬런	xīn rén

신청서	申请书
썬칭수	shēn qǐng shū

신청하다.	申请
썬칭	shēn qǐng

신품	新产品
씬찬핀	xīn chǎn pǐn

신형	新型
씬싱	xīn xíng

신호	信号
씬하오	xìn hào

신혼	新婚
씬훈	xīn hūn

신혼 부부	新婚夫妇
씬훈푸푸	xīn hūn fū fu

신혼 생활	新婚生活
씬훈생훠	xīn hūn shēng huó

실	线
씨엔	xiàn

실과 바늘	针线
쩐씨엔	zhēn xiàn

실례합니다.	失礼了
쓰리러	shī lǐ le

실례했습니다.	失礼了
쓰리러	shī lǐ le

실망	失望
쓰왕	shī wàng

실망하다.	失望
쓰왕	shī wàng

실명	实名
스밍	shí míng

실물	实物
스우	shí wù

실업	失业
스예	shī yè

실업자.	失业者
스예저	shī yè zhě

실연	失恋
스리엔	shī liàn

실은	其实
치스	qí shí

실패	失败
스빠이	shī bài

실패하다.	失败
스빠이	shī bài

싫다.	讨厌
토옌	tǎo yàn

실밥이 풀리다.
씨엔터우카이러
线头开了
xiàn tóu kāi le

싫든 좋든
뿌관왼엔부왼엔이
不管愿不愿意
bù guǎn yuàn bú yuàn yì

실례지만 누구신지요?
칭원 쓰나워이
请问，是哪位？
qǐng wèn shì nǎ wèi

싫다고 말하지마.	别说讨厌
비에쉬토옌	bié shuō tǎo yàn

싫습니까?	不愿意吗？
부외엔이마	bú yuàn yì ma

싫습니다.	不愿意
부외엔이	bú yuàn yì

싫어.	讨厌
토옌	tǎo yàn

싫은 사람	讨厌的人
토옌더런	tǎo yàn de rén

싫증나다.	厌恶
옌우	yàn wù

심다.	种植
쭝즈	zhòng zhí

심부름	跑腿儿
포투을	pǎo tuǐr

심술맞다.	心眼儿坏
씬옌을화이	xīn yǎnr huài

심심하다.	无聊
우료	wú liáo

심판	审判
선판	shěn pàn

심하다.	过分
꿔펀	guò fèn

십자가	十字架
스쯔쨔	shí zì jià

싱겁다.	淡
딴	dàn

싫으면 오지 않아도 된다.	如果不愿意可以不来
루궈부외엔이커이뿌라이	rú guǒ bú yuàn yì kě yǐ bù lái

싫지만 동의했다.	虽然不愿意可还是同意了
쑤이란부외엔이커하이쓰퉁이러	suī rán bú yuàn yì kě hái shì tóng yì le

싫지는 않습니다.	并不讨厌
삥뿌토옌	bìng bù tǎo yàn

심술꾸러기	心眼儿坏的人
씬옌을화이더런	xīn yǎnr huài de rén

싱글거리다. / 웨이쑈	微笑 / wēi xiào
싸게 사다. / 마이더피엔이	买得便宜 / mǎi de pián yi
싸다(포장). / 뽀	包 / bāo
싸다(가격). / 피엔이	便宜 / pián yi
싹 / 야	芽 / yá
쌀쌀하네요. / 렁써우써우	冷飕飕 / lěng sōu sōu
싸우다. / 다짱	打仗 / dǎ zhàng
싸움 / 다쨔	打架 / dǎ jià
싸움을 일으키다. / 파치짠쩡	发起战争 / fā qǐ zhàn zhēng
쌀 / 따미	大米 / dà mǐ
썰매 / 쉐쵸	雪橇 / xuě qiāo
쓰다(글). / 시에	写 / xiě
쓰다(모자). / 따이	戴 / dài
쓰다(맛). / 쿠	苦 / kǔ
쓰레기 / 라지	垃圾 / lā jī
쓰레기통 / 라지샹	垃圾箱 / lā jī xiāng
쓸다. / 소	扫 / sǎo
쓸모있다. / 유융	有用 / yǒu yòng
씨름 / 수아이죠	摔交 / shuāi jiāo
씻다. / 시	洗 / xǐ

사

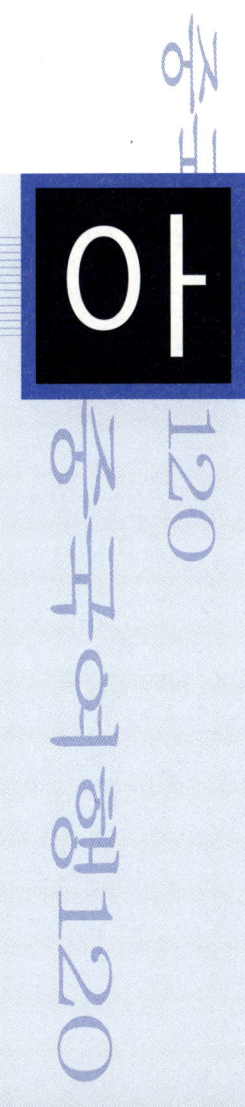

아가씨	小姐
쇼지에	xiǎo jiě

아까	刚才
깡차이	gāng cái

아까워하다.	爱惜
아이시	ài xī

아깝다.	可惜
커시	kě xī

아내	妻子
치즈	qī zi

아니요.	不是
부쓰	bú shì

아들	儿子
얼즈	ér zi

아래	下
쌰	xià

아름답다.	美丽
메이리	měi lì

아마	恐怕
쿵파	kǒng pà

아무래도	还是
하이스	hái shì

아무튼	反正
판정	fǎn zhèng

아무튼 더워요.	反正是热
판쩡스러	fǎn zhèng shì rè

아버지	父亲
푸친	fù qīn

아베크(남녀의 동반)	伴侣
빤뤼	bàn lǚ

아뿔싸	哎呀
아이야	āi yā

아이들	孩子们
하이즈먼	hái zi men

아저씨	叔叔
쑤수	shū shu

아주 망가지다.	彻底坏了
처디화이러	chè dǐ huài le

아직	还
하이	hái

아직 안 온다.	还没来
하이메이라이	hái méi lái

아직 이르다.	还早
하이자오	hái zǎo

아첨	谄媚
찬메이	chǎn mèi

아첨하다.	献殷勤
씨엔인친	xiàn yīn qín

아무것도 모른다. 선머예뿌즈따오	什么也不知道 shén me yě bù zhī dào
아무것도 아냐. 선머예부쓰	什么也不是 shén me yě bú shì
아무도 모릅니다. 쉐이예뿌즈따오	谁也不知道 shuí yě bù zhī dào
아무래도 싫습니다. 하이스부외엔이	还是不愿意 hái shì bú yuàn yì
아무래도 할 수 없다. 하이스메이빤파	还是没办法 hái shì méi bàn fǎ
아무리 생각해도 수상하다. 짜이전머샹예쓰커이	再怎么想也是可疑 zài zěn me xiǎng yě shì kě yí
아무리 몸을 달아도 안됩니다. 뿌관전머청예뿌싱	不管怎么称也不行 bù guǎn zěn me chēng yě bù xíng
아무리 하려고 해도 안돼요. 우룬루허예뿌싱	无论如何也不行 wú lùn rú hé yě bù xíng
아무래도 모르겠다. 하이스뿌즈따오	还是不知道 hái shì bù zhī dào
아무래도 못 믿겠다. 하이스뿌넝샹씬	还是不能相信 hái shì bù néng xiāng xìn
아무쪼록 마음대로 찐커넝수이이	尽可能随意 jìn kě néng suí yì
아양떨다. 죠성죠치	娇声娇气 jiāo shēng jiāo qì

| 아침 | 早晨 | 악수 | 握手 |
| 자오천 | zǎo chén | 워서우 | wò shǒu |

| 아침밥 | 早饭 | 악어 | 鳄鱼 |
| 자오판 | zǎo fàn | 어위 | è yú |

| 아침이 되면 | 到了早晨 | 악의 | 恶意 |
| 따오러자오천 | dào le zǎo chén | 어이 | è yì |

| 아침 일찍 일어남 | 早起 | 악질 | 恶劣 |
| 자오치 | zǎo qǐ | 어리에 | è liè |

| 아침잠 | 早觉 | 악착같다. | 狠毒 |
| 자오찌오 | zǎo jiào | 헌두 | hěn dú |

| 아파하다. | 叫疼 | 악한 | 恶汉 |
| 찌오텅 | jiào téng | 어한 | è hàn |

| 아프다. | 痛 | 안 | 内 |
| 퉁 | tòng | 내이 | nèi |

| 아픕니까? | 痛吗? | 안가요. | 不去 |
| 퉁마 | tòng ma | 부취 | bú qù |

| 아홉 | 九 | 아직 안먹었어요. | 还没吃呢 |
| 쥬 | jiǔ | 하이메이츠너 | hái méi chī ne |

아직 안왔어?
하이메이라이마

还没来吗?
hái méi lái ma

아침에 깨워 주세요.
자오천칭찌오싱워

早晨请叫醒我
zǎo chén qǐng jiào xǐng wǒ

아침 일찍 일어납니다.
자오천자오치

早晨早起
zǎo chén zǎo qǐ

아

한국어	중국어	병음	한국어	중국어	병음
아프지 않습니다. 뿌텅	不疼	bù téng	안달하다. 쪼지	焦急	jiāo jí
안개 우	雾	wù	안돼. 뿌넝	不能	bù néng
안경 옌찡	眼镜	yǎn jìng	안됐군요. 쩐부씽아	真不幸啊	zhēn bú xìng a
안계십니다만 수이부짜이	虽不在	suī bú zài	안된다. 뿌커	不可	bù kě
안과 옌커	眼科	yǎn kē	안락 의자 안러이	安乐椅	ān lè yǐ
안내 푸우	服务	fú wù	안마 안뭐	按摩	àn mó
안내계 푸우찌에	服务界	fú wù jiè	안 먹을래요. 뿌츠	不吃	bù chī
안내소 푸우타이	服务台	fú wù tái	안면 수이미엔	睡眠	shuì mián
(점심) 인사 씨아우하오	下午好	xià wǔ hǎo	안부를 묻다. 원허우	问候	wèn hòu
(저녁) 인사 완쌍하오	晚上好	wǎn shàng hǎo	안 보이다. 칸부찌엔	看不见	kàn bú jiàn
안녕히 주무세요. 완안	晚安	wǎn ān	안심 안씬	安心	ān xīn
안다. 빠오	抱	bào	안심하다. 팡씬	放心	fàng xīn

142

한국어	발음	중국어	병음
안심하십시오.	칭팡씬	请放心	qǐng fàng xīn
안약	옌야오	眼药	yǎn yào
안 온다.	뿌라이	不来	bù lái
안전	안취엔	安全	ān quán
안전 운전	안취엔쟈스	安全驾驶	ān quán jià shǐ
안절부절하다.	탄터뿌안	忐忑不安	tǎn tè bù ān
안정	안찡	安静	ān jìng
안정되다.	원띵	稳定	wěn dìng
안쪽	리비엔	里边	lǐ bian
안쪽까지	따오리	到里	dào lǐ
안착	핑안따오다	平安到达	píng ān dào dá
안타깝다.	이한	遗憾	yí hàn
안 하실래요?	부야오마	不要吗？	bú yào ma
앉다	쭈어	坐	zuò
앉으세요.	칭쭈어	请坐	qǐng zuò
알겠습니까?	즈따오러마	知道了吗？	zhī dào le ma
안내해 주십시오.	칭따이루	请带路	qǐng dài lù
안녕하세요?(아침)	자오쌍하오	早上好	zǎo shàng hǎo

안면 방해
팡하이수이미엔
妨碍睡眠
fáng ài shuì mián

안마사를 불러 주세요.
칭게이찌오이샤안뭐스
请给叫一下按摩师
qǐng gěi jiào yī xià àn mó shī

안부 전해 주세요.
칭주안다원허우
请转达问候
qǐng zhuǎn dá wèn hòu

한국어	발음	중국어	병음
안절부절 못하다.	쭈어리뿌안	坐立不安	zuò lì bù ān
알겠습니다.	즈따오러	知道了	zhī dào le
알고 싶다.	샹즈따오	想知道	xiǎng zhī dào
알고 있습니까?	즈따오마	知道吗？	zhī dào ma
알고 있습니다.	즈따오	知道	zhī dào
알고 있었습니다.	이징즈따오	已经知道	yǐ jīng zhī dào
알기 쉽다.	룽이런	容易认	róng yì rèn
알기 어렵다.	난런	难认	nán rèn
알다.	둥	懂	dǒng
알려 주세요.	칭까오쑤워	请告诉我	qǐng gào sù wǒ
알려주셔서 고마워요.	씨에씨에닌퉁즈워	谢谢您通知我	xiè xie nín tōng zhī wǒ
알 리가 없다.	뿌커녕즈따오	不可能知道	bù kě néng zhī dào
알려지다.	뻬이퉁즈	被通知	bèi tōng zhī
알리다.	퉁즈	通知	tōng zhī
알맞다.	허쓰	合适	hé shì
앉아도 됩니다.	커이쭈어	可以坐	kě yǐ zuò
앉으세요.	칭쭈어	请坐	qǐng zuò
알맞게	치아땅	恰当	qià dàng
알몸	루어티	裸体	luǒ tǐ
알았어.	즈따오러	知道了	zhī dào le
암기	뻬이쑹	背诵	bèi sòng
암컷	츠	雌	cí

애매하다 외엔왕	冤枉 yuān wang
애무 아이푸	爱抚 ài fǔ
애인 아이런	爱人 ài rén
애정 아이칭	爱情 ài qíng
애태우다. 씬죠	心焦 xīn jiāo
앳되다. 유하이즈치	有孩子气 yǒu hái zi qì
야경 예징	夜景 yè jǐng
야만인 예만런	野蛮人 yě mán rén
약 야오	药 yào
약국 야오띠엔	药店 yào diàn
약속 웨띵	约定 yuē dìng
약속대로 안웨띵	按约定 àn yuē dìng
앉아도 됩니까? 커이쭈어마	可以坐吗? kě yǐ zuò ma
약속이 있습니다. 유웨후이	有约会 yǒu yuē huì

아

앞으로 5일 있겠습니다.
짜이떠우류우티엔
再逗留5天
zài dòu liú wǔ tiān

앞으로 전화로 연락하겠습니다.
후이다띠엔화리엔씨더
会打电话联系的
huì dǎ diàn huà lián xì de

야채가게
수차이상띠엔
蔬菜商店
shū cài shāng diàn

애교가 좋습니까?
아이싸죠마
爱撒娇吗?
ài sā jiāo ma

약속을 어기다.
웨이뻬이눠옌
违背诺言
wéi bèi nuò yán

한국어	발음	중국어	병음
약점	뤄디엔	弱点	ruò diǎn
약품	요핀	药品	yào pǐn
약하다.	뤄	弱	ruò
얌전하다.	원쑨	温顺	wēn shùn
양	양	羊	yáng
양말	와즈	袜子	wà zi
양보하다.	랑뿌	让步	ràng bù
양복	씨주앙	西装	xī zhuāng
양식	씨찬	西餐	xī cān
양심	량씬	良心	liáng xīn
양이 많다.	량뚜어	量多	liàng duō
양이 적다.	량사오	量少	liàng shǎo
양쪽	쑤앙팡	双方	shuāng fāng
양초	스라	石蜡	shí là
양친	쑤앙친	双亲	shuāng qīn
양해를 바라다.	왕티량	望体谅	wàng tǐ liàng
얕다.	치엔	浅	qiǎn
어깨	찌엔방	肩膀	jiān bǎng
어깨걸이	따찌엔	搭肩	dā jiān
어깨가 결리다.	찌엔퉁	肩痛	jiān tòng
어느 것	나이거	哪一个	nǎ yī ge
어느 것을	나거	哪个	nǎ ge

양해를 받았습니다.
더어따오량지에
得到谅解
dé dào liàng jiě

어느덧	转眼
잔연	zhuǎn yǎn

어느쪽 입니까?	是哪边
쓰내이비엔	shì něi biān

어떡하지?	怎么办?
전머빤	zěn me bàn

어떤	哪些
나씨에	nǎ xiē

어떤 이유로?	哪些原因?
나씨에웬인	nǎ xiē yuán yīn

어떻게 할까요?	怎么办啊?
전머빤나	zěn me bàn a

어떻습니까?	怎么样?
전머양	zěn me yàng

어두운 길	黑暗的路
허이안더루	hēi àn de lù

어둑어둑하다.	昏黑
훈허이	hūn hēi

어둡다.	暗
안	àn

어디 계십니까?	在哪儿?
짜이날	zài nǎr

어디라도 좋아요.	哪儿都行
나알떠우싱	nǎr dōu xíng

어디로 가실까요?	去哪儿呢?
취날너	qù nǎr ne

어디로 가십니까?	去哪儿?
취날	qù nǎr

어디서 오셨지요?	从哪儿来
충날라이	cóng nǎr lái

어디서	从哪里
충나리	cóng nǎ li

어디에나 있어요.	哪儿都有
날떠우유	nǎr dōu yǒu

어딥니까?	是哪里?
쓰나리	shì nǎ lǐ

어렵다.	难
난	nán

어루만지다.	抚摸
푸무어	fǔ mō

어른	大人
따런	dà rén

어린이	小孩儿
쇼할	xiǎo háir

어머니	妈妈
마마	mā ma

어버이	爸爸
빠빠	bà ba

아

어느 것이라도 좋다. 내이거떠우싱	哪个都行 něi ge dōu xíng
어느 것이 좋습니까? 내의거하오	哪个好？ něi gè hǎo
어느 나라 분이세요? 내이궈런	哪国人？ něi guó rén
어느 쪽이 좋습니까? 내이비엔하오	哪边好？ něi biān hǎo
어두운 표정 인천더뱌오칭	阴沉的表情 yīn chén de biǎo qíng
어디에 근무하십니까? 짜의날궁쭈어	在哪儿工作？ zài nǎr gōng zuò
어딘가 가고 싶다. 샹취거띠팡	想去个地方 xiǎng qù ge dì fang
어디 갔다 왔어요? 취날후이라이더	去哪儿回来的？ qù nǎr huí lái de
어디에서 기다리고 있을까요? 짜이날덩	在哪儿等？ zài nǎr děng
어딘지 이상하다. 유디엔구꽈이	有点古怪 yǒu diǎn gǔ guài
어떤 것이 좋습니까? 내이시에하오	哪些好？ něi xiē hǎo
어떤지 알 수 없다. 뿌즈전머양	不知怎么样 bù zhī zěn me yàng

한국어	중국어	병음
어서 돌아오세요.	快请进	kuài qǐng jìn
콰이칭진		
어서 들어와요.	请进	qǐng jìn
칭찐		
어서 오세요.	请光临	qǐng guāng lín
칭광린		
어울리다.	适合	shì hé
쓰허		
어제	昨天	zuó tiān
줘티엔		
어젯밤	昨夜	zuó yè
줘예		

어떻게 가면 됩니까? 怎么去好？
전머취하오 zěn me qù hǎo

어떻게 지내고 있을까? 不知过的怎么样？
뿌즈꿔더전머양 bù zhī guò de zěn me yàng

어떻게 하면 좋을까요? 怎么办好？
전머빤하오 zěn me bàn hǎo

어떻게 하시겠습니까? 想怎么办？
샹전머빤 xiǎng zěn me bàn

어떻게든 해 주세요. 无论如何给办一下
우룬루허게이빤이샤 wú lùn rú hé gěi bàn yī xià

어리석은 말을 하지마. 别说傻话
비에숴사화 bié shuō shǎ huà

어쨌든 不管怎样
부관전양 bù guǎn zěn yàng

어쩐지 부족하다. 不知怎么就是缺
뿌즈전머쮸쓰최 bù zhī zěn me jiù shì quē

어쩔 수 없이 승낙했다. 勉强答应
미엔챵따잉 miǎn qiáng dā yìng

아

| 어쩌면 | 怎么 |
| 전머 | zěn me |

| 어쩔 수 없다. | 没办法 |
| 메이빤파 | méi bàn fǎ |

| 어지럽다. | 晕 |
| 윈 | yūn |

| 어찌되든 괜찮아. | 怎么都行 |
| 전머떠우싱 | zěn me dōu xíng |

| 어찌된 일입니까? | 怎么回事？ |
| 전머후이쓰 | zěn me huí shì |

| 어항 | 渔缸 |
| 위깡 | yú gāng |

| 억만장자 | 百万富翁 |
| 바이완푸웡 | bǎi wàn fù wēng |

| 억측 | 猜测 |
| 차이츠어 | cāi cè |

| 언덕 | 坡儿 |
| 풔얼 | pōr |

| 언덕길 | 坡道 |
| 프어따오 | pō dào |

| 언제나 | 总是 |
| 쭝스 | zǒng shì |

| 언제든지 | 不管何时 |
| 뿌관허스 | bù guǎn hé shí |

| 언제라도 | 不管何时 |
| 뿌관허스 | bù guǎn hé shí |

| 얻기 어렵다. | 难得 |
| 난더 | nán dé |

| 얻다. | 得 |
| 드어 | dé |

| 얼굴 | 脸 |
| 리엔 | liǎn |

| 얼굴빛이 나쁘다. | 气色不对 |
| 치써부뚜이 | qì sè bú duì |

| 얼굴을 가리다. | 遮脸 |
| 쩌리엔 | zhē liǎn |

어쩌면 될지도 모르겠다.
예쉬넝청
也许能成
yě xǔ néng chéng

어쩌면 좋을지 모르겠다.
뿌즈루허스하오
不知如何是好
bù zhī rú hé shì hǎo

억지로라도 드세요.
미엔챵츠디엔
勉强吃点
miǎn qiáng chī diǎn

언제	什么时候
서언머스허우	shén me shí hou

언제까지
따오선머스허우
到什么时候
dào shén me shí hou

언제까지나
부관따오선머스허우
不管到什么时候
bù guǎn dào shén me shí hou

언제까지 서울에 머무르십니까?
짜이한청따이지티엔
在汉城待几天？
zài hàn chéng dāi jǐ tiān

언제 됩니까?
선머스허우커이
什么时候可以？
shén me shí hou kě yǐ

언제였던가
쓰선머스허우
是什么时候
shì shén me shí hou

언제 또 뵐 수 있을까요?
선머스허우넝짜이찌엔따오니
什么时候能再见到你？
shén me shí hou néng zài jiàn dào nǐ

언제 또 오십니까?
선머스허우짜이라이
什么时候再来？
shén me shí hou zài lái

언제든지 좋으니까 들리세요.
뿌관선머스허우떠우커이라이
不管什么时候都可以来
bù guǎn shén me shí hou dōu kě yǐ lái

언제 오셨습니까?
선머스허우라이더
什么时候来的？
shén me shí hou lái de

얼굴도 예쁠뿐더러 마음씨도 예쁘다
뿌진장더하오칸,신예메이
不仅长得好看，心也美
bù jǐn zhǎng de hǎo kàn, xīn yě měi

얼마나 걸립니까?
쉬야오둬창스지엔
需要多长时间？
xū yào duō cháng shí jiān

얼굴을 돌리다.	翻脸
판리엔	fān liǎn

얼다.	冻
뚱	dòng

얼룩이 지다.	有斑点
유빤디엔	yǒu bān diǎn

얼마나	多少
둬사오	duō shǎo

얼마나 늦습니까?	晚多少
완둬사오	wǎn duō shǎo

얼마나 멉니까?	有多远
유둬외엔	yǒu duō yuǎn

얼마든지	不管多少
뿌관둬사오	bù guǎn duō shǎo

얼마에요?	多少钱
둬사오치엔	duō shǎo qián

얼마쯤	多少
둬사오	duō shǎo

얼음	冰
빙	bīng

엄살하다.	装假
주앙쟈	zhuāng jiǎ

엄숙한	严肃的
옌쑤더	yán sù de

엄하다.	严厉
옌리	yán lì

업어치기	过背摔
꾸어뻬이솨이	guò bèi shuāi

없다.	没有
메이유	méi yǒu

없습니까?	没有吗？
메이유마	méi yǒu ma

없습니다.	没有
메이유	méi yǒu

없어도 괜찮다.	不在也行
부짜이예싱	bú zài yě xíng

엄살쟁이	装痛的人
주앙퉁더런	zhuāng tòng de rén

없는 것보다 낫다.	总比没有的好
중비메이유더하오	zǒng bǐ méi yǒu de hǎo

엉터리라 신용할 수 없다.	太荒唐没法信
타이황탕메이파신	tài huāng táng méi fǎ xìn

없어도 좋다. 메이유예하오	没有也好 méi yǒu yě hǎo
없애다 취쇼	取消 qǔ xiāo
엇갈리다 추어꿔	错过 cuò guò
엉덩이 툰	臀 tún
엉뚱하다 추후이료	出乎意料 chū hū yì liào
엉망진창 루안치빠자오	乱七八糟 luàn qī bā zāo
엉터리 황탕	荒唐 huāng táng
엉터리다. 마후	马虎 mǎ hu
에고이즘 쯔워주이	自我主义 zì wǒ zhǔ yì
여관 뤼관	旅馆 lǚ guǎn
여권 후자오	护照 hù zhào
여기 쩌얼	这儿 zhèr
여기를 보세요. 칸저리	看这里 kàn zhè lǐ
여기입니다. 스저리	是这里 shì zhè lǐ
여기 저기 따오추	到处 dào chù
여덟 빠	八 bā
여동생 메이메이	妹妹 mèi mei
여드름 펀츠	粉刺 fěn cì
여러 가지 꺼중	各种 gè zhǒng
여러분 꺼워이	各位 gè wèi
여름 샤티엔	夏天 xià tiān
여름 방학 수쨔	暑假 shǔ jià
여물다. 청수	成熟 chéng shú
여배우 뉘옌웬	女演员 nǚ yǎn yuán

여기가 어디입니까? 쩌리스날	这里是哪儿？ zhè lǐ shì nǎr
여가가 없다. 메이유쿵시엔	没有空闲 méi yǒu kòng xián
여기는 저의 집입니다. 쩌리스워쟈	这里是我家 zhè lǐ shì wǒ jiā
여기서 기다리고 있겠습니다. 짜이쩌리덩	在这里等 zài zhè lǐ děng
여기서 내려 주세요. 칭팅짜이쩌리	请停在这里 qǐng tíng zài zhè lǐ
여기서 내립시다. 짜이쩔씨아바	在这儿下吧 zài zhèr xià ba
여기서 좀 기다려 주세요. 칭짜이저리덩이훌	请在这里等一会儿 qǐng zài zhè lǐ děng yī huì
여기 앉으세요. 칭쭈어쩔	请坐这儿 qǐng zuò zhèr
여기에서 멉니까? 리저얼웬마	离这儿远吗？ lí zhèr yuǎn ma
여기에서 사진을 찍어도 됩니까? 넝짜이저얼짜오샹마	能在这儿照相吗？ néng zài zhèr zhào xiàng ma
여기에서 얼마나 걸립니까? 충쩔쉬야오둬창스지엔	从这儿需要多长时间 cóng zhèr xū yào duō cháng shí jiān
여기에 써 주세요. 시에짜이쩌리바	写在这里吧 xiě zài zhè lǐ ba

여보세요 워이	喂 wèi	여신 뉘선	女神 nǚ shén
여섯 류	六 liù	여자 뉘	女 nǚ
여성 뉘이씽	女性 nǚ xìng	여자를 꼬시다. 툐떠우	挑逗 tiǎo dòu
여스님 니구	尼姑 ní gū	여자에 약하다. 파뉘런	怕女人 pà nǚ rén
여신 뉘선	女神 nǚ shén	여자 친구 뉘펑유	女朋友 nǚ péng you
여우 후리	狐狸 hú li	여전히 이란	依然 yī rán
여위다 써우	瘦 shòu	여행 뤼싱	旅行 lǚ xíng
여유 푸위	富余 fù yú	역 짠	站 zhàn

여러 가지로 폐를 끼쳤습니다. 添麻烦了
티엔마판러 tiān má fan le

여러분에게 안부 전해 주십시오 给各位带个好
게이꺼워이따이거하오 gěi gè wèi dài ge hǎo

여행자 수표를 현금으로 바꿔 주세요. 请把旅行支票兑换成现金
칭바뤼싱즈표뚜이환청씨엔진
qǐng bǎ lǚ xíng zhī piào duì huàn chéng xiàn jīn

역사 / 리스	历史 / lì shǐ
역시 / 예스	也是 / yě shì
역으로 가 주세요. / 취처짠바	去车站吧 / qù chē zhàn ba
연구 / 옌쥬	研究 / yán jiū
연구자 / 옌쥬저	研究者 / yán jiū zhě
연극 / 화쥐	话剧 / huà jù
연기(담배) / 옌	烟 / yān
연기(기간) / 옌치	延期 / yán qī
연기하다. / 환치	缓期 / huǎn qī
연락 / 리엔시	联系 / lián xì
연락처 / 리엔뤄추	联络处 / lián luò chù
연락하다. / 리엔뤄	连络 / lián luò
연락해 주십시오. / 칭리엔시	请联系 / qǐng lián xì
연료 / 란료	燃料 / rán liào
연설 / 옌쉬	演说 / yǎn shuō
연속 / 리엔쉬	连续 / lián xù
연습 / 옌시	演习 / yǎn xí
연애 / 리엔아이	恋爱 / liàn ài
연애 편지 / 칭수	情书 / qíng shū
연예인 / 이런	艺人 / yì rén
연장하다 / 옌창	延长 / yán cháng
연필 / 치엔비	铅笔 / qiān bǐ
연필깎기 / 치엔비따오	铅笔刀 / qiān bǐ dāo
연하다. / 넌	嫩 / nèn

연하장	贺年卡
허니엔카	hè nián kǎ

연회	宴会
옌후이	yàn huì

연휴	年假
니엔쟈	nián jià

열	十
스	shí

열(날씨가 덥다)	热
러	rè

열다	开
카이	kāi

열등	劣等
리에덩	liè děng

열등감을 느끼다.	感到自卑
간따오즈베이	gǎn dào zì bēi

열렬하다.	热烈
러리에	rè liè

열매	果实
궈스	guǒ shí

열쇠	钥匙
야오스	yào shi

열쇠를 잠그다	锁门
쉬먼	suǒ mén

열심히	热心
러신	rè xīn

열심히 하다	热忱
러천	rè chén

열중하다	热中
러중	rè zhōng

열차번호	列车号
리에처하오	liè chē hào

열탕	热汤
러탕	rè tāng

엷게하다.	薄
바오	báo

엷다. 얇다.	轻薄, 稀薄
칭브어, 시브어	qīng bó xī bó

엷은 화장	淡妆
딴주앙	dàn zhuāng

염가	廉价
리엔쟈	lián jià

염려마세요.	不要担心
부요딴신	bú yào dān xīn

염소	山羊
산양	shān yáng

엽서	明信片
밍신피엔	míng xìn piàn

| 엿 | 软糖 |
| 루안탕 | ruǎn táng |

| 엿보다. | 偷看 |
| 터우칸 | tōu kàn |

| 영광입니다. | 光荣 |
| 광룽 | guāng róng |

| 영국 | 英国 |
| 잉궈 | yīng guó |

| 영리하다 | 伶俐 |
| 링리 | líng lì |

| 영사관 | 领事馆 |
| 링스관 | lǐng shì guǎn |

| 영수증 | 收据 |
| 서우쥐 | shōu jù |

| 영양 보급 | 补充营养 |
| 부충잉양 | bǔ chōng yíng yǎng |

| 영양제 | 营养剂 |
| 잉양지 | yíng yǎng jì |

| 영어 | 英语 |
| 잉위 | yīng yǔ |

| 영웅 | 英雄 |
| 잉슝 | yīng xióng |

| 영하 | 零下 |
| 링샤 | líng xià |

| 영향을 받다. | 受影响 |
| 서우잉샹 | shòu yíng xiǎng |

| 영화 | 电影 |
| 띠엔잉 | diàn yǐng |

| 옆 | 边(儿) |
| 비엘 | biānr |

| 옆방 | 隔壁 |
| 거삐 | gé bì |

| 예명 | 艺名 |
| 이밍 | yì míng |

| 예배 | 礼拜 |
| 리빠이 | lǐ bài |

| 예뻐졌군요 | 变漂亮了 |
| 삐엔표량러 | biàn piào liang le |

| 예쁘다 | 漂亮 |
| 표량 | piào liang |

| 연월일을 기입해 주십시오. | 请填上年月日 |
| 칭텐쌍니엔웨르 | qǐng tián shang nián yuè rì |

| 영어 신문 있습니까? | 有英文报吗？ |
| 유잉원빠오마 | yǒu yīng wén bào ma |

예쁘시네요. 하오메이야	好美啊 hǎo měi a	예약을 하고 싶은데요. 샹위웨	想豫约 xiǎng yù yuē
예상 위샹	豫想 yù xiǎng	예약하셨습니까? 위웨러마	豫约了吗？ yù yuē le ma
예상착오 취우더위처	错误的预测 cuò wù de yù cè	예정을 변경한다. 삐엔겅위띵	变更预定 biàn gēng yù dìng
예술 이수	艺术 yì shù	오늘밤 오십시오. 진완라이바	今晚来吧 jīn wǎn lái ba
예약 위웨	豫约 yù yuē	오고 싶어하다. 샹라이	想来 xiǎng lái
예외 리와이	例外 lì wài	오그라지다. 비에	瘪 biě
예의 리이	礼仪 lǐ yí	오 년 우니엔	五年 wǔ nián
예정 위띵	豫定 yù dìng	오늘 진르	今日 jīn rì
예컨대 비루	比如 bǐ rú	오늘밤 진완	今晚 jīn wǎn
옛날 구따이	古代 gǔ dài	오늘 아침 진자오	今早 jīn zǎo
옛날 이야기 왕스	往事 wǎng shì	오다. 라이	来 lái
예산이 부족합니다. 위쑤안뿌주	豫算不足 yù suàn bù zú	오래가다. 저우러하오쥬	走了好久 zǒu le hǎo jiǔ

아

오늘밤 볼일이 있습니까? 진완유스마	今晚有事吗？ jīn wǎn yǒu shì ma
오늘은 무척 덥습니다. 진티엔쩐러	今天真热 jīn tiān zhēn rè
오늘은 무척 춥습니다 진티엔쩐렁	今天真冷 jīn tiān zhēn lěng
오늘은 어떻게 할까요? 진티엔전머빤	今天怎么办？ jīn tiān zěn me bàn
오늘은 어디로 갈까요? 진티엔취날	今天去哪儿？ jīn tiān qù nǎr
오래 기다리셨습니다. 랑닌쥬덩러	让您久等了 ràng nín jiǔ děng le
오랜만에 만나다 하오쥬메이지엔	好久没见 hǎo jiǔ méi jiàn
오랜만에 만나서 기쁘다 찌엔또니헌까오싱	见到你很高兴 jiàn dào nǐ hěn gāo xìng
오이 맛사지 황과미엔무어	黄瓜面摸 huáng guā miàn mō
오자마자 곧 가버렸다 깡라이쭈저우	刚来就走 gāng lái jiù zǒu
오전 10시에 만납시다. 쌍우스디엔찌엔바	上午十点见吧 shàng wǔ shí diǎn jiàn ba
오후 2시에 만날까요? 샤우량디엔찌엔전머양	下午两点见怎么样？ xià wǔ liǎng diǎn jiàn zěn me yàng

오래 계속되다. 츠쉬	持续 chí xù	오지마라. 비에라이	别来 bié lái
오래되다. 쉬쥬	许久 xǔ jiǔ	오지 않겠지요. 뿌라이러	不来了 bù lái le
오르다 쌍	上 shàng	오지 않니? 뿌라이마	不来吗? bù lái ma
오른쪽 유	右 yòu	오지 않았다. 메이유라이	没有来 méi yǒu lái
오셨습니다 라이러	来了 lái le	오지 않을 겁니다. 부후이라이러	不会来了 bú huì lái le
오십시오. 라이바	来吧 lái ba	오해 우지에	误解 wù jiě
오월 우웨	五月 wǔ yuè	오랜만에 마셨다 헌쥬메이허	很久没喝 hěn jiǔ méi hē
오이 황과	黄瓜 huáng guā	오랜만입니다. 쥬워이러	久违了 jiǔ wéi le
오이지 옌황과	腌黄瓜 yāng huáng guā	오랫동안 하오쥬	好久 hǎo jiǔ
오전 쌍우	上午 shàng wǔ	오해 받다. 뻬이우지에	被误解 bèi wù jiě

오후에는 비가 올 것 같습니다.　　下午可能要下雨
샤우커넝야오샤위　　xià wǔ kě néng yào xià yǔ

올지 안 올지 모르겠다.　　不知道来不来
부즈따오라이부라이　　bù zhī dào lái bù lái

오후	下午
샤우	xià wǔ

옥상	楼顶
러우딩	lóu dǐng

온도	温度
원뚜	wēn dù

온순한 성격입니다	性格温顺
싱거원쑨	xìng gé wēn shùn

온천	温泉
원취엔	wēn quán

올까?	来吗？
라이마	lái ma

올 것이다	来
라이	lái

올라가다.	上
쌍	shàng

올려다보다.	往上看
왕쌍칸	wǎng shàng kàn

올 리가 없다.	不可能来
뿌커넝라이	bù kě néng lái

올바르다.	正确
쩡취	zhèng què

올 수 있어?	能来吗？
넝라이마	néng lái ma

올해	今年
진니엔	jīn nián

옮기다	搬
반	bān

옮다	转移
주안이	zhuǎn yí

오른쪽으로 가십시오	往右走
왕유저우	wǎng yòu zǒu

옵니까?	来吗？
라이마	lái ma

옵니다.	来
라이	lái

옷	衣服
이푸	yī fu

옷감	衣料
이료	yī liào

옷차림	衣着
이줘	yī zhuó

옷차림이 검소하다.	穿着朴素
추안줘푸쑤	chuān zhuó pǔ sù

옹고집쟁이	非常顽固
페이창완꾸	fēi cháng wán gù

와도 좋습니까?	可以来吗？
커이라이마	kě yǐ lái ma

와도 좋습니다. 하오아	好啊 hǎo a	왔습니까? 라이러	来了吗? lái le ma
완고 완꾸	顽固 wán gù	왜 웨이선머	为什么 wèi shén me
완성 완청	完成 wán chéng	왜 그러세요? 전머라	怎么啦? zěn me la
완수하다 완청	完成 wán chéng	왜냐하면 인웨이	因为 yīn wèi
완전히 완최엔	完全 wán quán	외과 와이커	外科 wài kē

와보지 않고는 모른다.
부라이부즈따오

不来不知道
bù lái bù zhī dào

왜 안돼?
웨이선머부싱

为什么不行?
wèi shén me bù xíng

와 주시면 대단히 기쁘겠습니다.
환잉닌더광린

欢迎您的光临
huān yíng nín de guāng lín

왜 그렇게 부끄러워합니까?
전머쩌머하이슈너

怎么这么害羞呢?
zěn me zhè me hài xiū ne

왜 그렇게 서두르세요?
전머쩌머지야

怎么这么急呀?
zěn me zhè me jí ya

왜 그런건 물어?
웨이선머원쩌거

为什么问这个?
wèi shén me wèn zhè ge

왜 오지 않을까?
웨이선머부라이너

为什么不来呢?
wèi shén me bù lái ne

아

외교	外交	요리	菜
와이죠	wài jiāo	차이	cài
외국	外国	요리사	厨师
와이궈	wài guó	추스	chú shī
외출하다.	外出	요전날	前些天
와이추	wài chū	치엔시에티엔	qián xiē tiān
외투	外套	요점	要点
와이타오	wài tào	야오디엔	yào diǎn
왼쪽	左边	요정	餐厅
줘비엔	zuǒ biān	찬팅	cān tīng
왼쪽으로 가십시오.	往左走	요즈음	最近
왕줘저우	wǎng zuǒ zǒu	주이진	zuì jìn
요구하다.	要求	욕	骂
야오츄	yāo qiú	마	mà
요금	收费	욕심쟁이	贪婪的人
서우페이	shōu fèi	탄란더런	tān lán de rén
요령을 파악하다	掌握要领	용	龙
장워야오링	zhǎng wò yào lǐng	룽	lóng

왠지 모르게 불편하다.   不知怎么就是不舒服
뿌즈전머쥬스뿌수푸   bù zhī zěn me jiù shì bù shū fu

왼쪽으로 돌아 주십시오.   往左转
왕줘주안   wǎng zuǒ zhuǎn

용돈을 달라고 조르다.   缠着要零用钱
찬저야오링융치엔   chán zhe yào líng yòng qián

용감하다. 융간	勇敢 yǒng gǎn	우습게 보여지다. 뻬이칭스	被轻视 bèi qīng shì
용돈 링융치엔	零用钱 líng yòng qián	우습다. 하오쇼	好笑 hǎo xiào
용이하다 룽이	容易 róng yì	우아하다. 유야	优雅 yōu yǎ
우는 상 쿠샹	哭相 kū xiàng	우연 어우란	偶然 ǒu rán
우는 얼굴 쿠샹	哭相 kū xiàng	우연히 어우얼	偶尔 ǒu ěr
우동 미엔토	面条 miàn tiáo	우울하다. 유위	忧郁 yōu yù
우등생 유덩성	优等生 yōu děng shēng	우리들 워먼	我们 wǒ men
우물 징	井 jǐng	우유 뉴루	牛乳 niú rǔ
우물쭈물하다. 유위부띵	犹豫不定 yóu yù bú dìng	우정 유칭	友情 yǒu qíng
우산 위산	雨伞 yǔ sǎn	우체국 유띠엔쥐	邮电局 yóu diàn jú
우수 유슈	优秀 yōu xiù	우편 유쩡	邮政 yóu zhèng
우습게 보다. 쵸부치	瞧不起 qiáo bù qǐ	우편으로 보내다. 지유지엔	寄邮件 jì yóu jiàn

우표 / 유표	邮票 / yóu piào
운동장 / 윈뚱창	运动场 / yùn dòng chǎng
운동하다. / 쭈어윈뚱	做运动 / zuò yùn dòng
운반하다. / 반윈	搬运 / bān yùn
운이 좋다. / 윈치하오	运气好 / yùn qì hǎo
운이 좋지 않다. / 윈치부하오	运气不好 / yùn qì bù hǎo
운임 / 윈페이	运费 / yùn fèi
운전수 / 스지	司机 / sī jī
운전하다 / 쨔스	驾驶 / jià shǐ
운 좋게 / 싱윈	幸运 / xìng yùn
울다. / 쿠	哭 / kū
울리다 / 샹	响 / xiǎng
울면서 웃다 / 유쿠유쇼	又哭又笑 / yòu kū yòu xiào
움직이게 하다 / 따이뚱	带动 / dài dòng
움직이다. / 뚱	动 / dòng
웃는 얼굴 / 쇼리엔	笑脸 / xiào liǎn
웃다. / 쇼	笑 / xiào
웃어주세요. / 쇼이쇼	笑一笑 / xiào yī xiào
웃음 / 쇼	笑 / xiào
원가 / 웬쟈	原价 / yuán jià
원기 / 웬치	元气 / yuán qì
원만하다 / 웬만	圆满 / yuán mǎn
원망하다 / 빠오웬	抱怨 / bào yuàn
원숭이 / 허우즈	猴子 / hóu zi

원시인 / 웬스런	原始人 / yuán shǐ rén	위대한 / 웨이따더	伟大的 / wěi dà de
원인 / 웬인	原因 / yuán yīn	위로하다 / 안웨이	安慰 / ān wèi
원조하다 / 웬주	援助 / yuán zhù	위반하다 / 웨이판	违反 / wéi fǎn
원하다. / 웬	愿 / yuàn	위생 / 웨이썽	卫生 / wèi shēng
원한 / 처우헌	仇恨 / chóu hèn	위안 / 안웨이	安慰 / ān wèi
월경 / 웨징	月经 / yuè jīng	위약 / 웨이웨	违约 / wéi yuē
월급 / 웨신	月薪 / yuè xīn	위장 / 창웨이	肠胃 / cháng wèi
월말 / 웨뭐	月末 / yuè mò	위축하다. / 웨이쑤어	萎缩 / wěi suō
위(소화기) / 웨이	胃 / wèi	위탁하다. / 웨이투어	委托 / wěi tuō
위(상) / 상	上 / shàng	위험 / 웨이시엔	危险 / wēi xiǎn

원이 이루어지다.
스씨엔웬왕

实现愿望
shí xiàn yuàn wàng

위태롭게 보인다.
칸라이워이시엔

看来危险
kàn lái wēi xiǎn

| 위험하다. | 危险 | 유쾌 | 愉快 |
| 워이시엔 | wēi xiǎn | 위콰이 | yú kuài |

| 유괴 | 诱拐 | 유학 | 留学 |
| 유과이 | yòu guǎi | 류쉐 | liú xué |

| 유괴범 | 诱拐犯 | 유행 | 流行 |
| 유과이판 | yòu guǎi fàn | 류싱 | liú xíng |

| 유도 | 柔道 | 유혹 | 诱惑 |
| 러우따오 | róu dào | 유훠 | yòu huò |

| 유래 | 由来 | 유혹 당하다. | 被诱惑 |
| 유라이 | yóu lái | 뻬이유훠 | bèi yòu huò |

| 유리 | 有利 | 유혹하다. | 诱惑 |
| 유리 | yǒu lì | 유훠 | yòu huò |

| 유망 | 有望 | 육감이 빠르다. | 直感灵 |
| 유왕 | yǒu wàng | 즈간링 | zhí gǎn líng |

| 유명하다. | 有名 | 육교 | 天桥 |
| 유밍 | yǒu míng | 티엔쵸 | tiān qiáo |

| 유부 | 豆腐干 | 육군 | 陆军 |
| 떠우푸깐 | dòu fu gān | 루쥔 | lù jūn |

| 유사 | 类似 | 윤곽 | 轮郭 |
| 레이쓰 | lèi sì | 룬쿠어 | lún kuò |

| 유원지 | 游园地 | 으스스하다. | 凉嗖嗖 |
| 유웬띠 | yóu yuán dì | 량써우써우 | liáng sōu sōu |

| 유창 | 流畅 | 은 | 银 |
| 류창 | liú chàng | 인 | yín |

은행 / 인항	银行 / yín háng
은혜 / 언후이	恩惠 / ēn huì
은혜를 갚다. / 빠오언	报恩 / bào ēn
음식물 / 스우	食物 / shí wù
음식점 / 인스띠엔	饮食店 / yǐn shí diàn
음악 / 인웨	音乐 / yīn yuè
음치 / 우인뿌취엔더런	五音不全的人 / wǔ yīn bù quán de rén
응달 / 뻬이인더띠팡	背阴的地方 / bèi yīn de dì fang
의리가 굳다. / 찌엔띵더칭이	坚定的情义 / jiān dìng de qíng yì
의리가 없다. / 메이유칭이	没有情义 / méi yǒu qíng yì
의논할 것이 있습니다. / 유찌엔쓰쒸야오쌍량이샤	有件事需要商量一下 / yǒu jiàn shì xū yào shāng liang yī xià
의지가 안되고 마음이 허전하다. / 이쯔뿌지엔챵	意志不坚强 / yì zhì bù jiān qiáng
응 갈 수 있어. / 엉 넝취	嗯, 能去 / ng, néng qù
응원하다. / 쭈워이	助威 / zhù wēi
응석부리다. / 싸죠	撒娇 / sā jiāo
응하다. / 따잉	答应 / dā yìng
의도 / 이투	意图 / yì tú
의뢰하다. / 이라이	依赖 / yī lài

의료품 이료융핀	医疗用品 yī liáo yòng pǐn	의학 이쉐	医学 yī xué
의리 칭이	情义 qíng yì	이 쩌	这 zhè
의무 이우	义务 yì wù	이것도 역시 쩌이거예쓰	这个也是 zhèi ge yě shì
의문 이원	疑问 yí wèn	이것뿐 즈유쩌이거	只有这个 zhǐ yǒu zhèi ge
의복 이푸	衣服 yī fu	이것은 쩌쓰	这是 zhè shì
의사 이스	医师 yī shī	이것을 바쩌이거	把这个 bǎ zhèi ge
의심스럽다. 커이	可疑 kě yí	이것이 좋습니다. 쩌이거하오	这个好 zhèi ge hǎo
의심을 받다. 뻬이화이이	被怀疑 bèi huái yí	이것 저것 쩌이거내이거	这个那个 zhèi ge nèi ge
의심하다. 화이이	怀疑 huái yí	이 근처 쩌푸찐	这附近 zhè fù jìn
의자 이즈	椅子 yǐ zi	이끌다. 인도	引导 yǐn dǎo
의지 이쯔	意志 yì zhì	이기다. 짠썽	战胜 zhàn shèng
의지하다. 이카오	依靠 yī kào	이 다음 츠허우	此后 cǐ hòu

이것도 먹고 싶다. 하이샹츠쩌이거	还想吃这个 hái xiǎng chī zhèi ge
이것도 먹어요. 쩌이거예야오츠	这个也要吃 zhèi ge yě yào chī
이것도 저것도 쩌이거하이유내이거	这个还有那个 zhèi ge hái yǒu nèi ge
이것도 하고 싶다. 쩌이거예샹쭈어	这个也想做 zhèi ge yě xiǎng zuò
이것으로 마지막이다. 쩌쓰쭈이허우이츠	这是最后一次 zhè shì zuì hòu yī cì
이것으로 하겠습니다. 쭈쩌이거바	就这个吧 jiù zhèi ge ba
의무를 수행하시오. 칭뤼싱이우	请履行义务 qǐng lǚ xíng yì wù
이 거리는 뭐라고 합니까? 쩌툐지에찌오선머	这条街叫什么？ zhè tiáo jiē jiào shén me
이것보다 저것이 좋아요. 내이거비쩌이거하오	那个比这个好 nèi ge bǐ zhèi ge hǎo
이것은 내 것이 아닙니다. 쩌부쓰워더	这不是我的 zhè bú shì wǒ de
이것은 내 것입니다. 쩌쓰워더	这是我的 zhè shì wǒ de
이것은 팁입니다. 쩌쓰쇼페이	这是小费 zhè shì xiǎo fèi

이것은 조그만 마음의 정표입니다.   这是一点心意
쩌쓰이디엔씬이   zhè shì yì diǎn xīn yì

이것은 무엇입니까?   这是什么？
쩌쓰선머   zhè shì shén me

이것은 뭐라고 합니까?   这个叫什么？
쩌이거찌오선머   zhèi ge jiào shén me

이것은 어떻습니까?   这个怎么样？
쩌이거전머양   zhèi ge zěn me yàng

이것을 좀더 주십시오.   请再给点儿这个
칭짜이게이디엔얼쩌이거   qǐng zài gěi diǎnr zhèi ge

이것을 주세요.   请给我这个
칭게이워쩌이거   qǐng gěi wǒ zhèi ge

이것 참 재미있다.   这个真有意思
쩌이거쩐유이쓰   zhèi ge zhēn yǒu yì si

이 근처에 있습니까?   在这附近吗？
짜이쩌푸찐마   zài zhè fù jìn ma

이 근처에 화장실이 있습니까?   这附近有厕所吗？
쩌푸찐유처숴마   zhè fù jìn yǒu cè suǒ ma

이 길로 가면 됩니까?   是走这条街吗？
쓰저우쩌이토지에마   shì zǒu zhèi tiáo jiē ma

이러쿵 저러쿵   说长道短
쉬창따오두안   shuō cháng dào duǎn

이런 상태   这种情况
쩌중칭쿠앙   zhè zhǒng qíng kuàng

이 달 쩌이거웨	这个月 zhè ge yuè	이르다. 다따오	达到 dá dào
이따금 유스	有时 yǒu shí	이름 밍즈	名字 míng zi
이따금 들립니다. 스얼추안라이	时而传来 shí ěr chuán lái	이마 치엔어	前额 qián é
이대로 쩌양	这样 zhè yàng	이미 끝났다. 이징지에쑤러	已经结束了 yǐ jīng jié shù le
이동 이뚱	移动 yí dòng	이발소 리파관	理发馆 lǐ fà guǎn
이동하다. 이뚱	移动 yí dòng	이번에 쩌후이	这回 zhè huí
이래도 쩌양	这样 zhè yàng	이 분 쩌워이	这位 zhè wèi
이력서 지엔리	简历 jiǎn lì	이불 뻬이즈	被子 bèi zi
이론 리룬	理论 lǐ lùn	이불을 깔다. 푸뻬이	铺被 pū bèi
이루다. 스씨엔	实现 shí xiàn	이사 빤쟈	搬家 bān jiā
이루어지다. 싱청	形成 xíng chéng	이상 이창	异常 yì cháng
이류 얼류	二流 èr liú	이상적이다. 리샹	理想 lǐ xiǎng

아

이 길을 건너가세요. 칭꿔쩌이탸오따오	请过这条道 qǐng guò zhèi tiáo dào
이 길을 곧장 가세요. 옌저쩌이탸오따오즈저우	沿着这条道直走 yán zhe zhèi tiáo dào zhí zǒu
이대로 있고 싶다. 샹쥬저양다이샤취	想就这样呆下去 xiǎng jiù zhè yàng dāi xià qù
이 물 마실 수 있습니까? 쩌수이넝허마	这水能喝吗? zhè shuǐ néng hē ma
이 방보다 더 나은 방은 없습니까? 유비쩌이거팡찌엔하오이디엔더마	有比这个房间好一点的吗? yǒu bǐ zhèi ge fáng jiān hǎo yī diǎn de ma
이 버스는 동대문에 갑니까? 쩌이거꿍꿍치처취뚱따먼마	这个公共汽车去东大门吗? zhèi ge gōng gòng qì chē qù dōng dà mén ma
이 분을 아시나요? 런쓰쩌워이마	认识这位吗? rèn shi zhè wèi ma
이상한 눈으로 보다. 융이양더옌광칸	用异样的眼光看 yòng yì yàng de yǎn guāng kàn
이제 그만 자자. 씨엔짜이까이쑤이러	现在该睡了 xiàn zài gāi shuì le
이제 그만합시다. 따오츠워이즈바	到此为止吧 dào cǐ wéi zhǐ ba
이리로 와 주세요. 칭따오쩌리라이	请到这里来 qǐng dào zhè lǐ lái

한국어	한자/중국어	한국어	한자/중국어
이상한 사람 / 치꽈이더런	奇怪的人 / qí guài de rén	이월 / 얼웨	二月 / èr yuè
이리 들어오세요. / 칭찐	请进 / qǐng jìn	이유 / 리유	理由 / lǐ yóu
이리 오세요. / 칭꿔라이	请过来 / qǐng guò lai	이익 / 리이	利益 / lì yì
이성(다른 성) / 이씽	异性 / yì xìng	이인분 / 량런펀	两人份 / liǎng rén fèn
이성(사유의 능력) / 리씽	理性 / lǐ xìng	이자 / 리씨	利息 / lì xī
이성적이다. / 리씽	理性 / lǐ xìng	이전 / 주안이	转移 / zhuǎn yí
이쑤시개 / 야치엔얼	牙签儿 / yá qiānr	이전부터 / 충이치엔	从以前 / cóng yǐ qián
이슬 / 루수이	露水 / lù shuǐ	이전에 / 충치엔	从前 / cóng qián
이야기하고 싶다. / 썅탄화	想谈话 / xiǎng tán huà	이 정도 / 쩌이거청뚜	这个程度 / zhèi ge chéng dù
이야기하다. / 탄화	谈话 / tán huà	이제 늦었어요. / 씨엔짜이완러	现在晚了 / xiàn zài wǎn le
이와같이 / 루츠	如此 / rú cǐ	이제 되었습니다. / 씨엔짜이하오러	现在好了 / xiàn zài hǎo le
이용 / 리융	利用 / lì yòng	이제와서 / 씨엔짜이차이	现在才 / xiàn zài cái

아

이쪽 쩌비엔	这边 zhè biān	인건비 라오우페이	劳务费 láo wù fèi
이쪽을 보세요. 칸쩌비엔	看这边 kàn zhè biān	인격 런거	人格 rén gé
이쪽입니다. 쓰쩌얼	是这儿 shì zhèr	인구 런커우	人口 rén kǒu
이틀째 량티엔	两天 liǎng tiān	인권 런취엔	人权 rén quán
이해 리지에	理解 lǐ jiě	인기 런치	人气 rén qì
이유를 말해봐. 쉬쉬리유	说说理由 shuō shuō lǐ yóu	인사 원허우	问候 wèn hòu
이해관계 리하이꾸안씨	利害关系 lì hài guān xì	인삼 런선	人参 rén shēn
이해하다. 리지에	理解 lǐ jiě	인상 인샹	印象 yìn xiàng
이행하다. 뤼싱	履行 lǚ xíng	인상이 나쁘다. 인샹뿌하오	印象不好 yìn xiàng bù hǎo
이후 이허우	以后 yǐ hòu	인상이 좋다. 인샹하오	印象好 yìn xiàng hǎo
익숙해지다. 수씨	熟悉 shú xi	인색하다. 린써	吝啬 lìn sè
인간 런지엔	人间 rén jiān	인생 런성	人生 rén shēng

이제 안됩니다. 씨엔짜이뿌싱러	现在不行了 xiàn zài bù xíng le
이제 겨우 끝났다. 씨엔짜이차이지에쑤	现在才结束 xiàn zài cái jié shù
이쪽에 있습니다. 짜이쩌리	在这里 zài zhè lǐ
이쪽으로 오세요. 칭따오쩌비엔라이	请到这边来 qǐng dào zhè biān lái
이쪽은 피해를 보고 있다고. 쩌비엔짜이멍써우저순스	这边在蒙受着损失 zhè biān zài méng shòu zhe sǔn shī
이쪽이 더 좋다. 쩌비엔껑하오	这边更好 zhè biān gèng hǎo
이 주소를 아십니까? 즈따오쩌거디즈마	知道这个地址吗? zhī dào zhèi ge dì zhǐ ma
이 주소를 찾고 있습니다. 짜이조쩌거디즈	在找这个地址 zài zhǎo zhèi ge dì zhǐ
이유를 말씀해 주십시오. 칭쉭추리유라이	请说出理由来 qǐng shuō chū lǐ yóu lái
이 자리 비었습니까? 쩌얼유런마	这儿有人吗? zhèr yǒu rén ma
이야기 할 것이 있는데요. 유화야오쉭	有话要说 yǒu huà yào shuō
이 전화 써도 됩니까? 커이융이샤쩌뿌띠엔화마	可以用一下这部电话吗? kě yǐ yòng yī xià zhè bù diàn huà ma

아

인쇄	印刷
인솨	yìn shuā

인연이 끊기다.	断了关系
뚜안러꾸안씨	duàn le guān xì

인재	人才
런차이	rén cái

인정	人情
런칭	rén qíng

인정 많다.	有人情味
유런칭웨이	yǒu rén qíng wèi

인정하다.	认定
런띵	rèn dìng

인품이 좋다.	人品好
런핀하오	rén pǐn hǎo

인형	木偶
무어우	mù ǒu

일	一
이	yī

일	事
쓰	shì

일곱	七
치	qī

일년	一年
이니엔	yī nián

일광욕	日光浴
르꾸앙위	rì guāng yù

일급	一级
이지	yī jí

일기 예보	天气预报
티엔치위빠오	tiān qì yù bào

일러주다.	告诉
까오수	gào sù

일류	一流
이류	yī liú

일류 호텔	一流饭店
이류판띠엔	yī liú fàn diàn

이치에 안 맞는다.	不合乎情理
뿌허후칭리	bù hé hū qíng lǐ

인기 가수	走红的歌手
저우훙더꺼서우	zǒu hóng de gē shǒu

인기 있는 사람	人气旺的歌手
런치왕더꺼서우	rén qì wàng de gē shǒu

한국어	한자	한국어	한자
일반적 이빤더	一般的 yī bān de	일으키다. 짜오청	造成 zào chéng
일본 르번	日本 rì běn	일을 마치다. 썰쭈어완러	事儿做完了 shìr zuò wán le
일본사람 르번런	日本人 rì běn rén	일이 바쁘다. 썰망	事儿忙 shìr máng
일본술 르번쥬	日本酒 rì běn jiǔ	일인분 이런펀	一人份 yī rén fèn
일본어 르번위	日本语 rì běn yǔ	일전에 치엔이티엔	前一天 qián yī tiān
일부러 꾸이	故意 gù yì	일주일 이저우	一周 yī zhōu
일어나다. 치	起 qǐ	일찍 가자. 자오디엔취바	早点去吧 zǎo diǎn qù ba
일어나세요. 칭치	请起 qǐng qǐ	일출 르추	日出 rì chū
일어났다. 치선	起身 qǐ shēn	일층 껑쟈	更加 gèng jiā
일어서다. 짠치라이	站起来 zhàn qǐ lái	일치하다. 이쯔	一致 yī zhì
일월 이웨	一月 yī yuè	일치하지 않는다. 뿌이쯔	不一致 bù yī zhì
일으켜지다. 인치	引起 yǐn qǐ	일품 요리 이핀차이야오	一品菜肴 yī pǐn cài yáo

일하다.	工作
꽁쭈어	gōng zuò

일하러 가다.	去工作
취꽁쭈어	qù gōng zuò

일호차	一号车
이하오처	yī hào chē

일본 분이세요? 您是日本人吗？
닌쓰르번런마　　nín shì rì běn rén ma

일부러 보이게 하다. 有意让…看
유이랑…칸　　yǒu yì ràng…kàn

1번부터 5번까지 입니다. 从1号到5号
충이하오따오우하오　cóng yī hào dào wǔ hào

일본말을 아십니까? 会说日语吗？
후이쉴르위마　　huì shuō rì yǔ ma

일부러 나쁜 짓을 하다. 故意做坏事
꾸이쭈어화이쓰　　gù yì zuò huài shì

일부러 와 주셔서 감사합니다. 谢谢您特意来
씨에씨에닌터이라이　xiè xie nín tè yì lái

일이 손에 안잡히다. 无心做事
우신쭈어스　　wú xīn zuò shì

일전에는 신세를 지었습니다. 前几天承蒙您照顾
치엔지티엔청멍닌짜오꾸　qián jǐ tiān chéng méng nín zhào gù

잃어 버렸다(기억). 失去(记忆)
쓰취(찌이)　　shī qù(jì yì)

읽다.	读
두	dú

읽을 수 없다.	不能读
뿌넝두	bù néng dú

읽을 수 있습니까?	能读吗？
넝두마	néng dú ma

한국어	한자 발음	중국어	병음
잃다.(물건) 쓰또	失掉 shī diào	입다물고 있다. 삐저주이	闭着嘴 bì zhe zuǐ
잃어버리다(물건). 디유쓰	丢失 diū shī	입막음 두주이	堵嘴 dǔ zuǐ
잃다(기억) 쓰취	失去 shī qù	입버릇 커우터우찬	口头禅 kǒu tóu chán
임금 꿍즈	工资 gōng zī	입수하다. 루서우	入手 rù shǒu
임시 린스	临时 lín shí	입술 주이춘	嘴唇 zuǐ chún
임신 런선	妊娠 rèn shēn	입원 쭈웬	住院 zhù yuàn
입 주이	嘴 zuǐ	입으세요. 추안바	穿吧 chuān ba
입구 루커우	入口 rù kǒu	입장 리창	立场 lì chǎng
입국 수속 루궈서우쒸	入国手续 rù guó shǒu xù	입장권 루창췐	入场券 rù chǎng quàn
입다. 추안	穿 chuān	입장료 루창페이	入场费 rù chǎng fèi

입에 물다.　　　　　　　　　　叼在口中
띠아오짜이커우중　　　　　diāo zài kǒu zhōng

있는 그대로　　　　　　　　是什么样就什么样
스선머양쥬선머양　shì shén me yàng jiù shén me yàng

있기는 있지만	有到有
유따오유	yǒu dào yǒu

있는 곳	居所
쮜숴	jū suǒ

있다.	有
유	yǒu

있더라도	即使有
지스유	jí shǐ yǒu

있습니까?	有吗?
유마	yǒu ma

있습니다.	有
유	yǒu

있었습니다.	有过
유꿔	yǒu guò

(물건이)있을 겁니다.	(东西)有
(뚱시)유	(dōng xi)yǒu

(사람이)있을 거에요.	(人)在
(런)짜이	(rén)zài

(사람이)있는데 없다고 한다.	明明有人却说没有
밍밍유런최쉬메이유	míng míng yǒu rén què shuō méi yǒu

(물건이)있는데 없다고 한다.	有货却说没有货
유훠최쉬메이유훠	yǒu huò què shuō méi yǒu huò

있을 수 없다.	不可能有
뿌커넝유	bù kě néng yǒu

있을 수 있다.	可能有
커넝유	kě néng yǒu

잊다.	忘记
왕지	wàng jì

잊은 물건	失物
스우	shī wù

잊을 수 없다.	无法忘记
우파왕지	wú fǎ wàng jì

잊어버렸지요?	忘了吧?
왕러바	wàng le ba

잊었다.	忘了
왕러	wàng le

잎	叶子
예즈	yè zi

있어야 할 물건이 없다. 应该有的东西却没有
잉까이유더뚱씨최메이유　yīng gāi yǒu de dōng xi què méi yǒu

있으면서 없다고 하다. 装没有
쭈앙메이유　　　　　　　　　　　　zhuāng méi yǒu

자

중국여행120

한국어	발음	중국어	병음
자	츠즈	尺子	chǐ zi
자기	쯔지	自己	zì jǐ
자기 마음대로	수이삐엔	随便	suí biàn
자기 멋대로 한다.	수이삐엔	随便	suí biàn
자기 자신	지	己	jǐ
자기네 편	쯔지런	自己人	zì jǐ rén
자네는 틀렸어.	니먼춰러	你们错了	nǐ men cuò le
자다.	수이죠	睡觉	shuì jiào
자동차	치처	汽车	qì chē

자고 싶다.
샹쑤이거찌오
想睡个觉
xiǎng shuì ge jiào

자네도 함께 가세.
니예이쾰취바
你也一块儿去吧
nǐ yě yī kuàir qù ba

자, 이쪽으로 오세요.
라이쪄비엔칭
来, 这边请
lái zhè biān qǐng

한국어	발음	중국어	병음
자두	리즈	李子	lǐ zi
자리	쭈어워이	座位	zuò wèi
자리가 있습니까?	유쭈어마	有座吗?	yǒu zuò ma
자만하다.	쯔만	自满	zì mǎn
자본	쯔번	资本	zī běn
자연	쯔란	自然	zì rán
자원	쯔웬	资源	zī yuán
자유	쯔유	自由	zì yóu
자, 앉으세요.	라이칭쭈어	来请坐	lái qǐng zuò

| 자전거 | 自行车 | 잘난척 | 装蒜 |
| 쯔싱처 | zì xíng chē | 쭈앙쑤안 | zhuāng suàn |

| 자주 | 经常 | 잘난척 하다. | 装蒜 |
| 찡창 | jīng cháng | 쭈앙쑤안 | zhuāng suàn |

| 자투리 | 布头 | 잘 되다. | 好了 |
| 뿌터우 | bù tóu | 하오러 | hǎo le |

| 자포자기 | 自暴自弃 | 잘 됐다. | 可以了 |
| 쯔포쯔치 | zì bào zì qì | 커이러 | kě yǐ le |

| 작년 | 去年 | 잘 먹었습니다. | 吃好了 |
| 취니엔 | qù nián | 츠하오러 | chī hǎo le |

| 작다. | 小 | 잘 부탁합니다. | 拜托了 |
| 쇼 | xiǎo | 빠이투어러 | bài tuō le |

| 작아지다. | 变小 | 잘 안 들리는데요. | 听不清楚 |
| 삐엔쇼 | biàn xiǎo | 팅뿌칭추 | tīng bù qīng chǔ |

| 잔돈 | 零钱 | 잘 맞다. | 挺合适 |
| 링치엔 | líng qián | 팅허쓰 | tǐng hé shì |

| 잔디 | 草坪 | 잘 모르겠습니다. | 不太清楚 |
| 차오핑 | cǎo píng | 부타이칭추 | bú tài qīng chǔ |

| 잔소리 | 废话 | 잘못 | 错误 |
| 페이화 | fèi huà | 춰우 | cuò wù |

| 잔소리하지 말어. | 别说废话 | 잘못을 저지르다. | 犯错 |
| 비에쉬페이화 | bié shuō fèi huà | 판춰 | fàn cuò |

| 잘 구우세요. | 请烤好 | 잘못 생각하다. | 想错了 |
| 칭카오하오 | qǐng kǎo hǎo | 샹춰러 | xiǎng cuò le |

잘못했어요. 쭈어춰러	做错了 zuò cuò le
잘 어울리네요. 헌허쓰	很合适 hěn hé shì
잘 오셨습니다. 라이더하오	来得好 lái de hǎo
잘 하다. 깐더하오	干得好 gàn de hǎo
잘 하면 깐더하오더화	干得好的话 gàn de hǎo de huà
잠깐 사이 이훨꽁부	一会儿工夫 yī huìr gōng fu
잠들기 힘들다. 난이루수이	难以入睡 nán yǐ rù shuì
잠들다. 루수이	入睡 rù shuì
잠 부족 수이미엔뿌주	睡眠不足 shuì mián bù zú
잠이 깨다. 수이싱	睡醒 shuì xǐng
잠이 안온다. 수이뿌자오	睡不着 shuì bù zháo
잠이 잘들다. 쑤이자오러	睡着了 shuì zháo le

잔돈으로 바꿔 주세요.
칭게이환링치엔
请给换零钱
qǐng gěi huàn líng qián

잘 먹겠습니다.
나쮸부커치러
那就不客气了
nà jiù bú kè qì le

잘 알고 있습니다.
페이창료지에
非常了解
fēi cháng liǎo jiě

잠깐 갔다 올게.
이후이쮸후이라이
一会儿就回来
yī huìr jiù huí lái

잠깐 기다리세요.
칭덩이훨
请等一会儿
qǐng děng yī huìr

잠깐 드릴 말씀이 있는데요.
유스샹껀닌탄이샤
有事想跟您谈一下
yǒu shì xiǎng gēn nín tán yī xià

잠입하다.	潜入	장난	淘气
치엔루	qián rù	타오치	táo qì

잠자는 얼굴	睡着的样子	장난치다.	玩耍
수이자오더양즈	shuì zháo de yàng zi	완수아	wán shuǎ

잠자리	床	장난감	玩具
추앙	chuáng	완쮜	wán jù

잡다.	抓	장농	衣柜
쭈아	zhuā	이꾸이	yī guì

잡담	闲话	장님	盲人
시엔화	xián huà	망런	máng rén

잡아 끌다.	抓走	장래	将来
쭈아저우	zhuā zǒu	쟝라이	jiāng lái

잡음	杂音	장려	奖励
자인	zá yīn	쟝리	jiǎng lì

잡지	杂志	장려금	奖金
자쯔	zá zhì	쟝찐	jiǎng jīn

잡화	杂货	장마	淫雨
자훠	zá huò	인위	yín yǔ

잡화점	杂货店	장부	帐簿
자훠띠엔	zá huò diàn	쨩뿌	zhàng bù

장	肠	장사	生意
창	cháng	썽이	shēng yì

장갑	手套	장사를 잘한다.	会做生意
서우타오	shǒu tào	후이쭈어썽이	huì zuò shēng yì

1회 2회 3회

장사집 상쟈	商家	shāng jiā
장소 창숴	场所	chǎng suǒ
장수 창써우	长寿	cháng shòu
장식하다. 쭈앙쓰	装饰	zhuāng shì
장학금 쟝쉐진	奖学金	jiǎng xué jīn
재 후이	灰	huī
재다. 량	量	liáng
재능 차이넝	才能	cái néng
재떨이 옌후이깡	烟灰缸	yān huī gāng
재목 무차이	木材	mù cái
재미없다. 메이이쓰	没意思	méi yì si
재미있다. 유이쓰	有意思	yǒu yì si
잡수세요. 칭융	请用	qǐng yòng
재빠르다. 민지에	敏捷	mǐn jié
재채기 펀티	喷嚏	pēn tì
재채기가 나다. 다펀티	打喷嚏	dǎ pēn tì

잠자리가 기분이 좋다.
추앙헌쑤푸
床很舒服
chuáng hěn shū fu

장이 안 좋다.
창뿌전머하오
肠不怎么好
cháng bù zěn me hǎo

재떨이를 주세요.
칭게이옌후이깡
请给烟灰缸
qǐng gěi yān huī gāng

재미있을 것 같다.
하오샹헌유이쓰
好像很有意思
hǎo xiàng hěn yǒu yì si

자

한국어	발음	중국어	한국어	발음	중국어
재촉	추이추	催促 cuī cù	저야말로	워차이쓰	我才是 wǒ cái shì
재해	짜이하이	灾害 zāi hài	저울	청	称 chèng
쟁반	판즈	盘子 pán zi	저쪽	나비엔	那边 nà biān
저기	나얼	那儿 nàr	저쪽에	짜이나비엔	在那边 zài nà biān
저기가	나리	那里 nà li	저쪽으로 갑시다.	취내이비엔바	去那边吧 qù nèi biān ba
저기는	나리	那里 nà li	적다.	사오	少 shǎo
저기서	짜이나리	在那里 zài nà li	적당	쓰땅	适当 shì dàng
저녁	완쌍	晚上 wǎn shang	적당히 해.	쓰땅	适当 shì dàng
저녁 식사	완찬	晚餐 wǎn cān	적시다.	눙쓰	弄湿 nòng shī
저는 모릅니다.	워뿌즈따오	我不知道 wǒ bù zhī dào	적어주십시오.	칭찌	请记 qǐng jì
저리로	왕내이비엔	往那边 wǎng nèi biān	적적하다.	찌뭐	寂寞 jì mò
저 분	나워이	那位 nà wèi	적절한	쓰허	适合 shì hé

저녁 반주 완쌍더옌쩌우	晚上的演奏 wǎn shang de yǎn zòu
저 건물은 무엇입니까? 나쓰선머러우	那是什么楼？ nà shì shén me lóu
저것과 같은 것을 주세요. 칭게이워껀내이거이양더	请给我跟那个一样的 qǐng gěi wǒ gēn nèi ge yī yàng de
저것은 무엇입니까? 나쓰선머	那是什么？ nà shì shén me
저것을 보여 주세요. 칭게이칸이샤내이거	请给看一下那个 qǐng gěi kàn yī xià nèi ge
저것이 제일 좋습니다. 내이거쭈이하오	那个最好 nèi ge zuì hǎo
저는 한국에서 온 김입니다. 워씽찐쓰충한궈라이더	我姓金, 是从韩国来的 wǒ xìng jīn shì cóng hán guó lái de
저런 사람은 싫습니다. 뿌시환내이중런	不喜欢那种人 bù xǐ huān nèi zhǒng rén
저 사람은 누구입니까? 내이거런쓰세이	那个人是谁？ nèi ge rén shì shéi
저 사람은 여자라면 다 좋아합니다. 즈야오쓰뉘런타떠우시환	只要是女人他都喜欢 zhǐ yào shì nǚ rén tā dōu xǐ huān
저야말로 잘 부탁드립니다. 워데이빠이투어닌러	我得拜托您了 wǒ děi bài tuō nín le
저 자를 뭐라고 읽습니까? 내이거쯔전머니엔	那个字怎么念？ nèi ge zì zěn me niàn

자

적혀있다.	记载	전신	全身
찌자이	jì zǎi	췐선	quán shēn

적혀있지 않다.	没有记载	전에	以前
메이유찌자이	méi yǒu jì zǎi	이치엔	yǐ qián

전국	全国	전염병	传染病
췐궈	quán guó	추안란삥	chuán rǎn bìng

전기	电气	전용	专用
띠엔치	diàn qì	쭈안융	zhuān yòng

전기를 켜다.	开灯	전자 공학	电子学
카이덩	kāi dēng	띠엔즈쉐	diàn zǐ xué

전기를 끄다.	闭灯	전쟁	战争
삐덩	bì dēng	짠졍	zhàn zhēng

전등	电灯	전지	电池
띠엔덩	diàn dēng	띠엔츠	diàn chí

전문	专门	전진	前进
쭈안먼	zhuān mén	치엔찐	qián jìn

전문가	专家	전차	电车
쭈안쟈	zhuān jiā	띠엔처	diàn chē

전부	全部	전체	全体
췐뿌	quán bù	췐엔티	quán tǐ

전부터	那以前	전통	传统
나이치엔	nà yǐ qián	추안퉁	chuán tǒng

전보	电报	전화	电话
띠엔빠오	diàn bào	띠엔화	diàn huà

저쪽에서 오른쪽으로 가세요. 　　　　　从那儿往右走
충날왕유저우 　　　　　　　　　cóng nàr wǎng yòu zǒu

저쪽에서 왼쪽으로 가세요. 　　　　　从那儿往左走
충날왕줘저우 　　　　　　　　　cóng nàr wǎng zuǒ zǒu

저하고 함께 가 주시겠습니까? 　可否跟我一块儿走?
커퍼우껀워이콸저우 　　　kě fǒu gēn wǒ yī kuàir zǒu

전망이 좋다. 　　　　　　　　　　　前景很好
치엔징헌하오 　　　　　　　　　　qián jǐng hěn hǎo

전부 드러내다. 　　　　　　　　　　全都暴露
췬더우빠오러우 　　　　　　　　　quán dōu bào lù

전할 말 　　　　　　　　　　　　要传达的话
야오추안다더화 　　　　　　　yào chuán dá de huà

전망이 멋있다. 　　　　　　　　　　前途美好
치엔투메이하오 　　　　　　　　　qián tú méi hǎo

전송, 감사합니다. 　　　　　　　　谢谢您的送行
씨에씨에닌더쑹싱 　　　　　　xiè xie nín de sòng xíng

전화 주십시오. 　　　　　　　　请给打个电话
칭게이다거띠엔화 　　　　　qǐng gěi dǎ ge diàn huà

전할 말씀이 있습니까? 　　　　有话要转达吗?
유화야오주안다마 　　　　　yǒu huà yào zhuǎn dá ma

전화 좀 빌리겠습니다. 　　　　　借用一下电话
찌에융이샤띠엔화 　　　　　　jiè yòng yī xià diàn huà

전혀 모르겠다. 　　　　　　　　一点都不知道
이디엔떠우뿌즈따오 　　　yī diǎn dōu bù zhī dào

전화 걸다.	다띠엔화	打电话 dǎ diàn huà
전화 번호	띠엔화하오마	电话号码 diàn huà hào mǎ
전화 요금	띠엔화페이	电话费 diàn huà fèi
전화하겠습니다.	다거띠엔화	打个电话 dǎ ge diàn huà
절	쓰먀오	寺庙 sì miào
절대로 안 됩니다.	쮜뚜이뿌싱	绝对不行 jué duì bù xíng
절망	쮜왕	绝望 jué wàng
절망적	쮜왕더	绝望的 jué wàng de
절반	이빤	一半 yī bàn
절약	지에웨	节约 jié yuē
젊다.	니엔칭	年轻 nián qīng
젊어보이다.	시엔니엔칭	显年轻 xiǎn nián qīng
젊은 사람	니엔칭런	年轻人 nián qīng rén
점심	우판	午饭 wǔ fàn
점원	띠엔웬	店员 diàn yuán
점점	찌엔찌엔	渐渐 jiàn jiàn
접근하다.	찌에찐	接近 jiē jìn
접다.	저디에	摺叠 zhé dié
접대	찌에따이	接待 jiē dài
접수	찌에써우	接受 jiē shòu

전화해도 좋습니까? 可以用一下电话吗？
커이용이샤띠엔화마 kě yǐ yòng yī xià diàn huà ma

점점 좋아진다. 逐渐好起来
주찌엔하오치라이 zhú jiàn hǎo qǐ lái

한국어	한자	한국어	한자
정신 찡선	精神 jīng shén	정확 쩡췌	正确 zhèng què
정신차려 쩐쭈어찡선	振作精神 zhèn zuò jīng shén	정확하다. 쩡췌	正确 zhèng què
정열 러칭	热情 rè qíng	젖 루즈	乳汁 rǔ zhī
정열에 불타다. 러칭페이텅	热情沸腾 rè qíng fèi téng	젖꼭지 나이터우	奶头 nǎi tóu
정전 팅띠엔	停电 tíng diàn	젖다. 차오스	潮湿 cháo shī
정말 조금입니다. 쩐사오아	真少啊 zhēn shǎo a	제각기 꺼쯔	各自 gè zì
정정 찌엔쭈앙	健壮 jiàn zhuàng	제거하다. 칭추	清除 qīng chú
정종 쩡쭝	正宗 zhèng zōng	제도 쯔뚜	制度 zhì dù
정직 쩡즈	正直 zhèng zhí	제가 나빴습니다. 쓰워뿌하오	是我不好 shì wǒ bù hǎo
정직한 사람 쩡즈더런	正直的人 zhèng zhí de rén	제것이 아닙니다. 부쓰워더	不是我的 bú shì wǒ de
정치가 쩡즈쟈	政治家 zhèng zhì jiā	제멋대로 하다. 수이삐엔	随便 suí biàn
정하다. 띵	定 dìng	제발 치엔완	千万 qiān wàn

접시 디에즈	碟子 dié zi	정리하다. 정리	整理 zhěng lǐ
접촉 찌에추	接触 jiē chù	정말입니까? 쩐더마	真的吗？ zhēn de ma
젓가락 콰이즈	筷子 kuài zi	정말 신세졌습니다. 짠광러	沾光了 zhān guāng le
정 칭	情 qíng	정면 쩡미엔	正面 zhèng miàn
정거장 팅처창	停车场 tíng chē chǎng	정문 쩡먼	正门 zhèng mén
정기적 띵치더	定期的 dìng qī de	정보 칭빠오	情报 qíng bào
정내미 떨어지다. 칭뚜안이줴	情断意绝 qíng duàn yì jué	정복 쩡푸	征服 zhēng fú
정도가 나쁘다. 화이더청뚜	坏的程度 huài de chéng dù	정부 쩡푸	政府 zhèng fǔ
정도가 낮다. 청뚜띠	程度低 chéng dù dī	정사 쩡쓰	政事 zhèng shì
정도가 높다. 청뚜까오	程度高 chéng dù gāo	정서 칭취	情趣 qíng qù
정도가 지나치다. 꿔펀	过分 guò fèn	정식 쩡쓰	正式 zhèng shì
정력 찡리	精力 jīng lì	정식(메뉴) 한스타오찬	韩式套餐 hán shì tào cān

정기 휴일
즈띵꿍슈르

指定公休日
zhǐ dìng gōng xiū rì

정말 잘 먹었습니다.
쩐츠바오러

真吃饱了
zhēn chī bǎo le

정서가 풍부하다.
펑푸더칭간

丰富的情感
fēng fù de qíng gǎn

정에 끌리다.
워이칭쉬씨인

为情所吸引
wèi qíng suǒ xī yǐn

정식으로 주세요.
칭게이펀타오찬

请给份套餐
qǐng gěi fèn tào cān

정중한 인사
쩡쭝더싱리

郑重地行礼
zhèng zhòng de xíng lǐ

정직하게 말하세요.
칭쩡쭝더쉬

请正经地说
qǐng zhèng jing de shuō

정체를 알 수 없다.
뿌즈전미엔무

不知真面目
bù zhī zhēn miàn mù

정확한 정보에 의하면
껀쮜췌치에더씬씨

根据确切的信息
gēn jù què qiè de xìn xī

제가 한말을 아시겠습니까?
팅밍바이워쉬더화마

听明白我说的话吗?
tīng míng bái wǒ shuō de huà ma

제자리에 놓다.
팡후이위엔워이

放回原位
fàng huí yuán wèi

제게 무슨 볼일이 있으신가요?
닌유허쓰자오워

您有何事找我?
nín yǒu hé shì zhǎo wǒ

자

제발 용서해 주세요. 칭웬량	请原谅 qǐng yuán liàng	조건이 좋다. 툐찌엔하오	条件好 tiáo jiàn hǎo
제비 옌즈	燕子 yàn zi	조금 이디엔	一点 yī diǎn
제사 찌리	祭礼 jì lǐ	조금 비싸네요. 꾸이러이디엘	贵了一点儿 guì le yī diǎnr
제 이름은 ~입니다. 워찌오	我叫~ wǒ jiào	조금 살이 찜 장러디엘러우	长了点儿肉 zhǎng le diǎnr ròu
제일 띠이	第一 dì yī	조금 큰데요. 따이디엘	大一点儿 dà yī diǎnr
제일 먼저 쭈이씨엔	最先 zuì xiān	조르다. 레이진	勒紧 lēi jǐn
제일 좋다. 쭈이하오	最好 zuì hǎo	조마조마하다. 탄터뿌안	忐忑不安 tǎn tè bù ān
제자 띠즈	弟子 dì zǐ	조만간 자오완	早晚 zǎo wǎn
제 정신 구치	骨气 gǔ qì	조바심하다. 죠뤼	焦虑 jiāo lǜ
제 정신이야? 펑러마	疯了吗？ fēng le ma	조사하다. 띠아오차	调查 diào chá
졌다. 쑤러	输了 shū le	조소당하다. 뻬이차오쇼	被嘲笑 bèi cháo xiào
조건 툐찌엔	条件 tiáo jiàn	조심하다. 쇼씬	小心 xiǎo xīn

조심해요.	请小心
칭쇼씬	qǐng xiǎo xīn

조용하다.	安静
안찡	ān jìng

조용히 하세요.	请安静
칭안찡	qǐng ān jìng

조정	调整
툐정	tiáo zhěng

조카 (남)	侄子
즈즈	zhí zi

조카 (여)	侄女
즈뉘	zhí nǚ

조퇴	早退
자오투이	zǎo tuì

조금 깎아주세요.	便宜点儿
피엔이디엘	pián yi diǎnr

졸리다.	困
쿤	kùn

졸업식	毕业典礼
삐예디엔리	bì yè diǎn lǐ

졸이다(생선).	炖鱼
뚠위	dùn yú

좀더	再
짜이	zài

좁다.	窄
자이	zhǎi

종	钟
쭁	zhōng

종류	种类
중레이	zhǒng lèi

종업원	职员
즈웬	zhí yuán

종이	纸
즈	zhǐ

종이 울리다.	铃响
링샹	líng xiǎng

조금 더 기다려 주세요.	请再等一会儿
칭짜이덩이훨	qǐng zài děng yī huìr

조금 밖에 모릅니다.	只知道一点儿
즈즈따오이디엘	zhǐ zhī dào yī diǎnr

조금 할 수 있습니다.	就会一点儿
쮸후이디엘	jiù huì yī diǎnr

자

좋겠지.	好吧	좋은 사람	好人
하오바	hǎo ba	하오런	hǎo rén

좋습니다.	好	좋을까요?	好吗？
하오	hǎo	하오마	hǎo ma

좋아지고 있다.	好起来	좋지 않다.	不好
하오치라이	hǎo qǐ lái	뿌하오	bù hǎo

좋아지다.	见好	죄	罪
찌엔하오	jiàn hǎo	쭈이	zuì

좋아하다.	喜欢	죄다.	勒紧
시환	xǐ huān	레이진	lēi jǐn

좋아합니다.	喜欢	죄송합니다.	抱歉
시환	xǐ huān	빠오치엔	bào qiàn

좋았다.	高兴	주	周
까오씽	gāo xìng	저우	zhōu

좋은 냄새	美味	주간	白天
메이워이	měi wèi	바이티엔	bái tiān

좀더 생각해 보겠어요. 我再考虑考虑
워짜이카오뤼카오뤼 wǒ zài kǎo lǜ kǎo lǜ

좀더 천천히 말씀해 주세요. 请说慢一些
칭숴만이씨에 qǐng shuō màn yī xiē

종류가 틀리다. 种类不一样
중레이뿌이양 zhǒng lèi bù yī yàng

좋아하는 사람은 당신뿐 只喜欢你一个人
즈시환니이거런 zhǐ xǐ huān nǐ yī ge rén

주다(선물) 쑹리우	送(礼物) sòng lǐ wù	주십시오. 칭게이	请给 qǐng gěi
주로 주야오	主要 zhǔ yào	주위 저우워이	周围 zhōu wéi
주름 쩌우원	皱纹 zhòu wén	주의 쭈이	注意 zhù yì
주름이 잡히다. 추저	出褶 chū zhě	주의깊다. 쇼신	小心 xiǎo xīn
주먹 췐터우	拳头 quán tou	주의를 주다. 티싱쭈이	提醒注意 tí xǐng zhù yì
주문하다. 띵	订 dìng	주의해 주십시오. 칭쭈이	请注意 qǐng zhù yì
주변 저우워이	周围 zhōu wéi	주인 주런	主人 zhǔ rén
주사 쭈써	注射 zhù shè	주인 아주머니 팡뚱따설	房东大婶儿 fáng dōng dà shěnr
주소 띠즈	地址 dì zhǐ	주전자 후	壶 hú
주시다. 게이	给 gěi	주정뱅이 쭈이구이	醉鬼 zuì guǐ
주식 주스	主食 zhǔ shí	주차 금지 찐즈팅처	禁止停车 jìn zhǐ tíng chē
주식 회사 쭈스후이써	株式会社 zhū shì huì shè	주차장 팅처창	停车场 tíng chē chǎng

자

죽다.	死	중(위치)	中
스	sǐ	중	zhōng

죽순	竹笋	중간	中间
주순	zhú sǔn	중지엔	zhōng jiān

죽이다.	杀死	중고품	二手货
싸스	shā sǐ	얼서우훠	èr shǒu huò

준비	准备	중대한	重大
준뻬이	zhǔn bèi	중따	zhòng dà

줄기	梗	중심	中心
겅	gěng	쭝씬	zhōng xīn

줄어들다.	减少	중앙	中央
지엔사오	jiǎn shǎo	쭝양	zhōng yāng

줄이다.	缩短	중역	重责
쑤어두안	suō duǎn	쭝즈어	zhòng zé

줍다.	拾	중요	重要
스	shí	쭝야오	zhòng yào

죽는 소리를 하다.
찌오쿠리엔티엔
叫苦连天
jiào kǔ lián tiān

중국요리
중화료리
中华料理
zhōng huá liào lǐ

준비되었습니까?
떠우준뻬이하오러마
都准备好了吗?
dōu zhǔn bèi hǎo le ma

즐거운 시간이었습니다.
꿔더헌위콰이
过得很愉快
guò de hěn yú kuài

중지 쯩즈	中止 zhōng zhǐ
중학교 쯩쉐	中学 zhōng xué
쥐 라오수	老鼠 lǎo shǔ
즐거웠다. 위콰이	愉快 yú kuài
즐겁다. 콰이러	快乐 kuài lè
즐기다. 시아이	喜爱 xǐ ài
증가 쩡쟈	增加 zēng jiā
증명 쩡밍	证明 zhèng míng
증명 사진 쩡밍자오	证明照 zhèng míng zhào
지각하다. 츠따오	迟到 chí dào
지금 루진	如今 rú jīn
지금까지 쯔진	至今 zhì jīn
지금 곧 씨엔짜이리커	现在立刻 xiàn zài lì kè
지금에 와서도 따오루진	到如今 dào rú jīn
지금으로서는 옌씨아	眼下 yǎn xià
지금쯤 씨엔짜이	现在 xiàn zài
지급 쟈지	加急 jiā jí
지나가다. 찡꿔	经过 jīng guò
지나치다(장소). 루꿔	路过 lù guò
지나치다(행동). 꿔펀	过分 guò fèn
지나친 참견 꿔펀깐써	过分干涉 guò fèn gān shè
지난 달 쌍거웨	上个月 shàng ge yuè
지난 밤 쥐완	昨晚 zuó wǎn
지난번 쌍후이	上回 shàng huí

자

205

지난 주 / 쌍저우	上周 / shàng zhōu	지식 / 즈스	知识 / zhī shi
지니다. / 따이	带 / dài	지식인 / 쯔스펀즈	知识分子 / zhī shi fèn zǐ
지다. / 빠이	败 / bài	지역 / 띠위	地域 / dì yù
지도 / 띠투	地图 / dì tú	지역 주민 / 띠취쥐민	地区居民 / dì qū jū mín
지름길 / 찐루	近路 / jìn lù	지점 / 펀띠엔	分店 / fēn diàn
지면 / 띠미엔	地面 / dì miàn	지정석 / 즈띵시워이	指定席位 / zhǐ dìng xí wèi
지명 / 띠밍	地名 / dì míng	지진 / 띠쩐	地震 / dì zhèn
지명하다. / 즈밍	指名 / zhǐ míng	지출 / 즈추	支出 / zhī chū
지방 / 즈팡	脂肪 / zhī fáng	지치다. / 레이	累 / lèi
지배인 / 찡리	经理 / jīng lǐ	지키다. / 서우워이	守卫 / shǒu wèi
지불하다. / 쯔푸	支付 / zhī fù	지팡이 / 과이짱	拐杖 / guǎi zhàng
지붕 / 우딩	屋顶 / wū dǐng	지하도 / 띠따오	地道 / dì dào

지하실 띠샤쓰	地下室 dì xià shì
지하철 띠티에	地铁 dì tiě
직선 즈씨엔	直线 zhí xiàn
직업 즈예	职业 zhí yè
직접 즈지에	直接 zhí jiē
지켜야 한다. 야오찌엔서우	要坚守 yào jiān shǒu
직함 꾸안시엔	官衔 guān xián
진달래 찐다라이	金达莱 jīn dá lái
진력하다. 찐리	尽力 jìn lì
진리 쩐리	真理 zhēn lǐ
진미 쩐쩡워이따오	真正味道 zhēn zhèng wèi dào
진심 쩐씬	真心 zhēn xīn
진짜 쩐	真 zhēn
진주 쩐주	珍珠 zhēn zhū

지금 몇 시에요?
지디엔러

几点了?
jǐ diǎn le

지금가도 늦었어요.
씨엔짜이취예이완러

现在去也已晚了
xiàn zài qù yě yǐ wǎn le

지금부터
충씨엔짜이카이스

从现在开始
cóng xiàn zài kāi shǐ

지금 곧 오실 수 있으세요?
씨엔짜이마쌍넝꿔라이마

现在马上能过来吗?
xiàn zài mǎ shàng néng guò lai ma

지도를 그려 주세요.
칭게이화이푸띠투

请给画一幅地图
qǐng gěi huà yī fú dì tú

진찰 전차	诊察 zhěn chá	집없는 개 예거우	野狗 yě gǒu
진하다. 눙	浓 nóng	집없는 고양이 예모	野猫 yě māo
진흙 니	泥 ní	집을 보다. 칸쟈	看家 kān jiā
질 쯔량	质量 zhì liàng	집주인 팡주	房主 fáng zhǔ
질기다(성격). 건	艮 gěn	집세 팡페이	房费 fáng fèi
질리다. 니	腻 nì	집착 즈줘	执着 zhí zhuó
질이 좋다. 즈량하오	质量好 zhì liàng hǎo	징계하다 청찌에	承戒 chéng jiè
질투 지뚜	嫉妒 jí dù	짖다. 찌오	叫 jiào
질투하다. 지뚜	嫉妒 jí dù	짚 구차오	谷草 gǔ cǎo
짐 싱리	行李 xíng li	짝 사랑 딴샹스	单相思 dān xiāng sī
집념 즈줘	执着 zhí zhuó	짧다. 두안	短 duǎn
집념이 강하다. 페이창즈줘	非常执着 fēi cháng zhí zhuó	찍다. 파이써	拍摄 pāi shè

한국어	발음	중국어	병음
찢다.	쓰쑤이	撕碎	sī suì
찢어지다.	쓰프어	撕破	sī pò
찡그리다.	쩌우메이	皱眉	zhòu méi
쫑그리고 앉다.	뚠	蹲	dūn
쫓기는 몸	뻬이쭈이간	被追赶	bèi zhuī gǎn
쫓기다.	뻬이비	被逼	bèi bī
짧게 해 주세요.	두안이디엘	短一点儿	duǎn yī diǎnr
쫓다.	취주	驱逐	qū zhú
쫓아가다.	주이	追	zhuī
쫓아 버리다.	간저우	赶走	gǎn zǒu
찌르다.	츠	刺	cì
찢어지다.	쓰프어	撕破	sī pò

진정으로 사랑하고 있습니다.
쩐씬더아이
真心地爱
zhēn xīn de ài

짐은 두 개입니다.
량찌엔싱리
两件行李
liǎng jiàn xíng li

짐을 가져다 주십시오.
칭나싱리
请拿行李
qǐng ná xíng li

짧게 깍아 주세요.
지엔두안이디엘
剪短一点儿
jiǎn duǎn yī diǎnr

자

차(음료) 차예	茶叶(饮料) chá yè(yǐn liào)	차에 치다. 쭈앙처	撞车 zhuàng chē
차(기차) 처(훠처)	车(火车) chē(huǒ chē)	차표 처표	车票 chē piào
차가워지다. 삐엔량	变凉 biàn liáng	착각 추어줴	错觉 cuò jué
차겁다. 량	凉 liáng	착수하다. 주어서우	着手 zhuó shǒu
차게 하다. 렁딴	冷淡 lěng dàn	착실 청스	诚实 chéng shí
차감 티청	提成 tí chéng	착안 주어옌	着眼 zhuó yǎn
차다. 만	满 mǎn	착취 짜취	榨取 zhà qǔ
차라리 깐추이	干脆 gān cuì	찬밥 썽판	剩饭 shèng fàn
차를 타다. 청츠어	乘车 chéng chē	찬성 짠청	赞成 zàn chéng
차분하다. 원징	文静 wén jìng	찰과상 차쌍	擦伤 cā shāng
차비 처페이	车费 chē fèi	참견 깐위	干预 gān yù
차를 주십시오. 칭게이이뻬이차		请给一杯茶 qǐng gěi yī bēi chá	

차

참다. 런쭈	忍住	rěn zhù
참새 마췌	麻雀	má què
참을 수가 없다. 런부쭈	忍不住	rěn bú zhù
참지 못하겠다. 메이넝런쭈	没能忍住	méi néng rěn zhù
창구 추앙커우	窗口	chuāng kǒu
창문 추앙	窗	chuāng
창을 닫다. 관추앙	关窗	guān chuāng
창을 열다. 다카이추앙후	打开窗户	dǎ kāi chuāng hù
창피하다. 띠우리엔	丢脸	diū liǎn
찾다. 쉰자오	寻找	xún zhǎo
찾아내다. 자오따오	找到	zhǎo dào
책 수	书	shū
책방 수띠엔	书店	shū diàn
책상 쭈어즈	桌子	zhuō zi
책상다리 주어투이	桌腿	zhuō tuǐ
책임 즈어런	责任	zé rèn
처녀 추뉘	处女	chù nǚ
처리하다. 추리	处理	chù lǐ

참는데도 한도가 있다.
런나이예유씨엔뚜
忍耐也有限度
rěn nài yě yǒu xiàn dù

참으로 감사합니다.
쩐더페이창깐씨에
真的非常感谢
zhēn de fēi cháng gǎn xiè

창문쪽 자리로 주세요.
칭게이거카오추앙후더쭈어웨이
请给个靠窗户的座位
qǐng gěi ge kào chuāng hù de zuò wèi

처벌	处罚	천벌을 받다.	遭天罚
추파	chù fá	쪼티엔파	zāo tiān fá

처음	起初	천연	天然
치추	qǐ chū	티엔란	tiān rán

처음 뵙겠습니다.	初次见面	천연 식품	天然食品
추츠찌엔미엔	chū cì jiàn miàn	티엔란스핀	tiān rán shí pǐn

처음으로	初	천장	天花板
추	chū	티엔화반	tiān huā bǎn

천국	天国	천천히	慢慢地
티엔궈	tiān guó	만만더	màn màn de

천둥	雷	천천히 합시다.	慢慢来吧
레이	léi	만만라이바	màn man lái ba

천둥이 치다.	打雷	천한 놈	下流的人
다레이	dǎ léi	샤류더런	xià liú de rén

천만에요.	不要客气	천하다.	俗气
부야오커치	bú yào kè qì	수치	sú qì

천박하다.	肤浅	천만에 말씀입니다.	哪里的话
푸치엔	fū qiǎn	나리더화	nǎ li de huà

처음 맛보는 행복 第一次尝到幸福的滋味
띠이츠창따오씽푸더쯔웨이 dì yī cì cháng dào xìng fú de zī wèi

첫 눈에 반하다. 一见钟情
이찌엔쭝칭 yī jiàn zhōng qíng

천천히 말해 주세요. 请说慢点儿
칭숴만디엘 qǐng shuō màn diǎnr

철	铁
티에	tiě

철도	铁道
티에따오	tiě dào

철야	彻夜
처예	chè yè

첫 눈	第一场雪
띠이창쉬	dì yī chǎng xuě

첫눈에 좋아지다.	一眼相中
이옌샹쭝	yī yǎn xiāng zhòng

첫 번째	第一
띠이	dì yī

첫 사랑	初恋
추리엔	chū liàn

청결	清洁
칭지에	qīng jié

청결하다.	清洁
칭지에	qīng jié

청구하다.	请求
칭츄	qǐng qiú

체념합니다.	死心
스씬	sǐ xīn

체면	体面
티미엔	tǐ miàn

체류기간	滞留期间
쯔류치지엔	zhì liú qī jiān

체적	体积
티지	tǐ jī

초대	招待
자오따이	zhāo dài

초대합니다.	邀请
야오칭	yāo qǐng

초등학교	小学
쇼쉐	xiǎo xué

초롱	灯笼
떵룽	dēng long

초보	初步
추뿌	chū bù

초조하다.	焦急
찌오지	jiāo jí

촉각	触觉
추죄	chù jué

촉감	感触
간추	gǎn chù

촉감이 좋다.	感觉好
간죄하오	gǎn jué hǎo

총	枪
챵	qiāng

최고	最高
쭈이까오	zuì gāo

최근	最近
쭈이진	zuì jìn

추구하다.	追求
주이츄	zhuī qiú

추워졌군요.	变冷了
삐엔렁러	biàn lěng le

추정	推定
투이띵	tuī dìng

추첨	抽签
처우치엔	chōu qiān

추측하다.	推测
투이츠어	tuī cè

추파를 던지다.	暗送秋波
안쏭츄브어	àn sòng qiū bō

축하합니다.	祝贺
쭈허	zhù hè

출구	出口
추커우	chū kǒu

출근	出勤
추친	chū qín

출발	出发
추파	chū fā

출발하다.	出发
추파	chū fā

춤	舞蹈
우다오	wǔ dǎo

춥군요.	冷
렁	lěng

춥다.	寒冷
한렁	hán lěng

춥지 않습니까?	冷不冷?
렁뿌렁	lěng bù lěng

춥지 않아요.	不冷
뿌렁	bù lěng

충고하다.	忠告
중까오	zhōng gào

충돌	冲突
충투	chōng tū

충분	充分
충펀	chōng fèn

충분하다.	足够
주꺼우	zú gòu

춤을 추실까요?	跳个舞好吗?
툐거우하오마	tiào ge wǔ hǎo ma

차

| 충분합니다. | 充分 | 치킨 | 鸡 |
| 충펀 | chōng fèn | 찌 | jī |

| 취급하다. | 办理 | 친구 | 朋友 |
| 빤리 | bàn lǐ | 펑유 | péng you |

| 취급합니다. | 办理 | 친선 | 友好 |
| 빤리 | bàn lǐ | 유하오 | yǒu hǎo |

| 취미 | 趣味 | 친애하는 | 亲爱的 |
| 취워이 | qù wèi | 친아이더 | qīn ài de |

| 취소하다. | 取消 | 친절하다. | 亲切 |
| 취쇼 | qǔ xiāo | 친치에 | qīn qiè |

| 취하다. | 醉 | 친지 | 亲人 |
| 쭈이 | zuì | 친런 | qīn rén |

| 치과 | 牙科 | 친척 | 亲戚 |
| 야커 | yá kē | 친치 | qīn qī |

| 치수 | 尺寸 | 친한 벗 | 好友 |
| 츠춘 | chǐ cùn | 하오유 | hǎo yǒu |

| 치약 | 牙膏 | 친해지다. | 亲近 |
| 야까오 | yá gāo | 친찐 | qīn jìn |

| 치장 | 打扮 | 침 | 唾沫 |
| 다빤 | dǎ bàn | 투어뭐 | tuò mo |

취미는 뭐세요?
유선머아이하오
有什么爱好？
yǒu shén me ài hào

친구와 술을 마시고 있습니다.
위펑유이치허쥬
与朋友一起喝酒
yǔ péng you yī qǐ hē jiǔ

한국어	중국어	한국어	중국어
침대차 워푸처	卧铺车 wò pù chē	칫솔 야쑤아	牙刷 yá shuā
침입 찐루	侵入 jìn rù	칭찬하다. 청짠	称赞 chēng zàn

카

카레 까리	咖哩 gā lí	코를 골다. 다후루	打呼噜 dǎ hū lu
카메라 자오샹지	照相机 zhào xiàng jī	코멘 소리 비인	鼻音 bí yīn
칼 따오	刀 dāo	코피 비쒜	鼻血 bí xuè
캄캄하다. 치헤이	漆黑 qī hēi	콩 따떠우	大豆 dà dòu
캘린더 르리	日历 rì lì	쿨쿨 자다. 후후더수이	呼呼地睡 hū hū de shuì
코 비즈	鼻子 bí zi	크기 따쇼	大小 dà xiǎo
코끼리 따샹	大象 dà xiàng	크다. 따	大 dà
코딱지 비꺼우	鼻垢 bí gòu	큰길 따루	大路 dà lù

| 큰 목소리 | 大声 | 큰소리를 내다. | 大声 |
| 따성 | dà shēng | 따성 | dà shēng |

| 큰바람 | 大风 | 큰 손해 | 大的损失 |
| 따펑 | dà fēng | 따더순스 | dà de sǔn shī |

| 큰비 | 大雨 | 큰일났어요. | 出大事儿了 |
| 따위 | dà yǔ | 추따쓰얼러 | chū dà shìr le |

| 큰 사건 | 大事件 | 키가 크다. | 个儿高 |
| 따쓰찌엔 | dà shì jiàn | 꺼얼까오 | gèr gāo |

커피라도 마시면서 얘기할까요?   边喝咖啡边聊好吗？
비엔허카페이비엔료하오마   biān hē kā fēi biān liáo hǎo ma

커피를 드릴까요?   要咖啡吗？
야오카페이마   yào kā fēi ma

쾌감을 느끼다.   感到快乐
간따오콰이러   gǎn dào kuài lè

타다(차). 청(처)	乘(车) chéng(chē)	탐욕스럽다. 탄란	贪婪 tān lán
타다(불). 란싸오	燃烧 rán shāo	탐을 내다. 탄	贪 tān
타세요. 칭쌍처	请上车 qǐng shàng chē	탑니다. 청쭈어	乘坐 chéng zuò
타이어 루운타이	轮胎 lún tāi	탑승 따청	搭乘 dā chéng
타협 투어시에	妥协 tuǒ xié	탔을까요? 쭈어쌍츠어러마	坐上车了吗? zuò shang chē le ma
타협하다. 짜이투어시에	在妥协 zài tuǒ xié	태도가 나쁘다. 타이뚜어리에	态度恶劣 tài dù è liè
타협합시다. 투어시에바	妥协吧 tuǒ xié ba	태양 타이양	太阳 tài yáng
탤런트 옌웬	演员 yǎn yuán	태연함 타이란	泰然 tài rán
탐내다. 탄	贪 tān	태우다. 싸오	烧 shāo

타고있다
쩡짜이란싸오
正在燃烧
zhèng zài rán shāo

타려고 하다.
쩡요청처
正要乘车
zhèng yào chéng chē

탔을 때 기분이 좋다.
쭈어저쑤푸
坐着舒服
zuò zhe shū fu

타기에 늦었습니다.	赶不上了	토라지다.	闹情绪
간부쌍러	gǎn bù shàng le	나오칭쉬	nào qíng xù

태풍 台风
타이펑 tái fēng

토요일 星期六
싱치류 xīng qī liù

터득하다. 领会
링후이 lǐng huì

통 桶
퉁 tǒng

턱 下腭
씨아어 xià è

통관 通关
퉁관 tōng guān

털 毛
마오 máo

통근하다. 通勤
퉁친 tōng qín

털이 많다. 毛多
모두어 máo duō

통로 通路
퉁루 tōng lù

털이 빠지다. 掉毛
띠아오마오 diào máo

통역 翻译
판이 fān yì

털이 없다. 没毛
메이마오 méi máo

통화중입니다. 正在通话
쩡짜이퉁화 zhèng zài tōng huà

털이 적다. 毛少
마오사오 máo shǎo

통행하다. 通行
퉁싱 tōng xíng

토끼 兔子
투즈 tù zi

특급 特急
터지 tè jí

통로쪽 좌석이 좋은데요. 出口处的座位好一点
추커우추더쭈어웨이호이디엔 chū kǒu chù de zuò wèi hǎo yī diǎn

통역을 부탁합니다. 请给翻译一下
칭게이판이이씨아 qǐng gěi fān yì yī xià

한국어	발음	중국어	병음
특별	터비에	特別	tè bié
튼튼하다.	찌엔캉	健康	jiàn kāng
틀리다.	춰러	错了	cuò le
틀림없다.	메이춰	没错	méi cuò
틈	펑씨	缝隙	fèng xì
티눈	찌엔	鸡眼	jī yǎn
팁	쇼오페이	小费	xiǎo fèi
털어놓고 말하다.	쉬바이러	说白了	shuō bái le

파

한국어	발음	중국어	병음
파고들다.	썬루	深入	shēn rù
파괴	프어화이	破坏	pò huài
파란 신호	뤼떵	绿灯	lǜ dēng
파리	창잉	苍蝇	cāng ying
판단	판뚜안	判断	pàn duàn
판로	쇼루	销路	xiāo lù
판매	쇼쎠우	销售	xiāo shòu
판문점	반먼띠엔	板门店	bǎn mén diàn
팔	꺼브어	胳膊	gē bo
팔꿈치	저우	肘	zhǒu
팔다.	마이	买	mǎi
팔리다.	마이띠아오	卖掉	mài diào

팔장	挽胳膊
완꺼브어	wǎn gē bo

패거리	结伙
지에훠	jié huǒ

퍼지다.	扩散
쿠어싼	kuò sàn

페인트	油漆
유치	yóu qī

펴지다.	展开
잔카이	zhǎn kāi

편도	单程
딴청	dān chéng

편들다.	一伙
이훠	yī huǒ

편리	便利
삐엔리	biàn lì

편리합니다.	很方便
헌팡삐엔	hěn fāng biàn

편리한 물건이다.	好用的
하오융더	hǎo yòng de

편애하다.	偏爱
피엔아이	piān ài

편지	信
씬	xìn

편지가 안 옵니다.	没信
메이씬	méi xìn

편지 왔습니다.	来信了
라이씬러	lái xìn le

편지 주세요.	给我信
게이워씬	gěi wǒ xìn

편치 않습니다.	不舒服
뿌쑤푸	bù shū fu

편히 쉬다.	好好休息
하오하오슈시	hǎo hǎo xiū xi

평가	评价
핑쟈	píng jià

평판	评判
핑판	píng pàn

평화	和平
허핑	hé píng

평화 공존하다.	和平共存
허어핑공춘	hé píng gòng cún

폐	肺
페이	fèi

폐업	停业
티잉예	tíng yè

폐점	商店倒闭
상띠엔다오삐	shāng diàn dǎo bì

한국어	한자 병음	한국어	한자 병음
폐지 페이추	废除 fèi chú	표시 뱌오스	表示 biǎo shì
폐해 삐빙	弊病 bì bìng	표현하다. 뱌오씨엔	表现 biǎo xiàn
포도 푸타오	葡萄 pú táo	푸념을 늘어놓다. 라오싸오	牢骚 láo sào
포옹 융빠오	拥抱 yōng bào	편지를 붙쳤습니다. 찌씬러	寄信了 jì xìn le
폭 푸뚜	幅度 fú dù	평안하십니까? 하이하오마	还好吗？ hái hǎo ma
폭력 빠오리	暴力 bào lì	폐를 끼치겠습니다. 티엔마판러	添麻烦了 tiān má fan le
폭로하다. 빠오루	暴露 bào lù	푸른 칭	青 qīng
폭포 푸뿌	瀑布 pù bù	푹 잤다. 쑤이터우러	睡透了 shuì tòu le
폭풍우 빠오펑위	暴风雨 bào fēng yǔ	풀(식물) 차오	草 cǎo
폭행 빠오싱	暴行 bào xíng	풀(공작용) 쟈오수이	胶水 jiāo shuǐ

편지해도 됩니까?
커이시에씬마

可以写信吗？
kě yǐ xiě xìn ma

폐는 끼치지 않겠습니다.
뿌마판러

不麻烦了
bù má fan le

풀다.	解开
지에카이	jiě kāi

품위가 없다.	没品位
메이핀워이	méi pǐn wèi

품질	品质
핀쯔	pǐn zhì

품행이 나쁜 사람	坏人
화이런	huài rén

풍부하다.	丰富
펑푸	fēng fù

피	血
시에	xiě

피가 섞이다.	混血
훈쉐	hùn xuè

피가 흐르다.	流血
류쉐	liú xuě

피곤하다.	疲倦
피이쮠	pí juàn

피다.	开
카이	kāi

피로하다.	疲劳
피라오	pí láo

피부	皮肤
피푸	pí fū

피부가 깨끗하다.	好皮肤
하오피푸	hǎo pí fū

피부가 헐다.	皮肤烂了
피푸란러	pí fū làn le

피차일반입니다.	彼此彼此
비츠비츠	bí cǐ bí cǐ

피하다.(회피하다)	回避
후이삐	huí bì

피하다.(숨다)	躲避
두어삐	duǒ bì

피해	受害
쎠우하이	shòu hài

피해자	受害者
쎠우하이저	shòu hài zhě

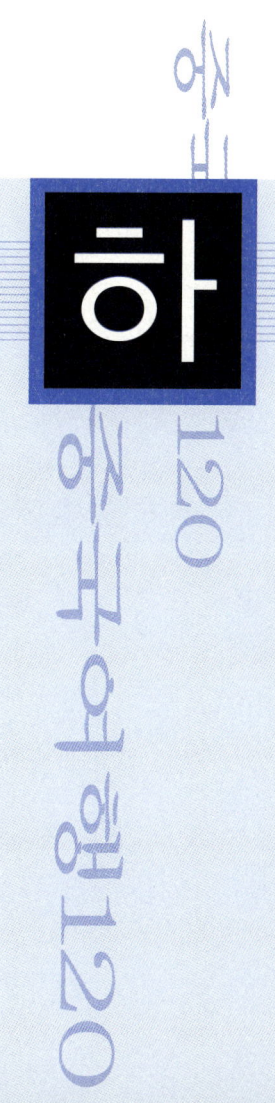

하게 되다.	会做的
후이쭈어더	huì zuò de
하고 싶다.	想做
샹쭈어	xiǎng zuò
하고 싶어하다.	在想做
짜이샹쭈어	zài xiǎng zuò
하고 싶지 않다.	不想做
뿌샹쭈어	bù xiǎng zuò
하고 있다.	在做
짜이쭈어	zài zuò
하기가 어렵다.	难做
난쭈어	nán zuò
~하기 전에	做之前
쭈어즈치엔	zuò zhī qián
하나	一个
이꺼	yī ge
하나 더	再来一个
짜이라이이꺼	zài lái yī ge
하나 더 주세요.	再给一个
짜이게이이꺼	zài gěi yī ge
하나만	就一个
쥬이꺼	jiù yī ge
~하는 것이	做的是
쭈어더쓰	zuò de shì
~하는 동안	在之间
짜이즈지엔	zài zhī jiān
하늘	天空
티엔쿵	tiān kōng
하다.	做
쭈어	zuò
하루걸러	经一日
찡이르	jīng yī rì
하루종일	整天
정티엔	zhěng tiān
하류	河流
허류	hé liú
하면 되잖아.	做不就行了
쭤부쮜싱러	zuò bú jiù xíng le
하면 할수록	越做越
웨쭈어웨	yuè zuò yuè
하세요.	请
칭	qǐng
~하자마자	一……就
이쮸	yī jiù
하지 않다.	不做
부쭈어	bú zuò
하지 않아도 좋다.	不做也好
부쭈어예하오	bú zuò yě hǎo

| 하지 않았다. | 没做 | 한 개 | 一个 |
| 메이쭈어 | méi zuò | 이거 | yī ge |

| 하품 | 哈欠 | 한겨울 | 严冬 |
| 하치엔 | hā qiàn | 옌둥 | yán dōng |

| 학 | 鹤 | 한계 | 界限 |
| 허 | hè | 찌에씨엔 | jiè xiàn |

| 학교 | 学校 | 한국 | 韩国 |
| 쉐쏘 | xué xiào | 한궈 | hán guó |

| 학대하다. | 虐待 | 한국어 | 韩国语 |
| 뇌따이 | nüè dài | 한궈위 | hán guó yǔ |

| 학력 | 学历 | 한국 요리 | 韩国料理 |
| 쉐리 | xué lì | 한궈료리 | hán guó liào lǐ |

| 학문 | 学问 | 한국 특산품 | 韩国特产 |
| 쉐원 | xué wèn | 한궈터찬 | hán guó tè chǎn |

| 학생 | 学生 | 한기 | 寒气 |
| 쉐썽 | xué sheng | 한치 | hán qì |

| 학설 | 学说 | 한달 | 一个月 |
| 쉐숴 | xué shuō | 이거웨 | yī ge yuè |

| 학자 | 学者 | 일월 | 一月 |
| 쉐저 | xué zhě | 이웨 | yī yuè |

| 한 가운데 | 之中 | 한때 | 一度 |
| 즈중 | zhī zhōng | 이뚜 | yī dù |

| 한가하다. | 闲 | 한도가 있다. | 有限 |
| 시엔 | xián | 유씨엔 | yǒu xiàn |

하

하는대로 되다.
야오전양쮸전양

要怎样就怎样
yào zěn yàng jiù zěn yàng

하려고 합니다.
샹야오(전양)

想要(怎样)
xiǎng yào (zěn yàng)

하기로 되어 있다.
쉬하오야오쭈어더

说好要做的
shuō hǎo yào zuò de

하루 미리 떠나고 싶어요.
샹티치엔이티엔추파

想提前一天出发
xiǎng tí qián yī tiān chū fā

하루 연장하고 싶습니다.
샹옌이티엔

想延一天
xiǎng yán yī tiān

한국 대사관은 어디입니까?
한궈스관짜이나리

韩国使馆在哪里?
hán guó shǐ guǎn zài nǎ lǐ

한국말 아시는 분은 없습니까?
나워이둥한궈위

哪位懂韩国语?
nǎ wèi dǒng hán guó yǔ

한국말을 잘 하시네요.
한궈위이쉬더전하오

韩国语说得真好
hán guó yǔ shuō de zhēn hǎo

한국말을 아십니까?
둥한궈위마

懂韩国语吗?
dǒng hán guó yǔ ma

한국에서는 여러 가지로 신세를 졌습니다.
짜이한궈티엔마판러

在韩国添麻烦了
zài hán guó tiān má fan le

한창때의 남자.
쩡왕썽더난런

正旺盛的男人
zhèng wàng shèng de nán rén

한창때의 여자.
쩡왕썽더뉘런

正旺盛的女人
zhèng wàng shèng de nǚ rén

한마디	一句
이쮜	yī jù

한 마리	一匹
이피	yī pǐ

한 말	一升
이성	yī shēng

한번	一回
이후이	yī huí

한번에	一次
이츠	yī cì

한시	一时
이스	yī shí

한시간	一小时
이쇼스	yī xiǎo shí

한여름	盛夏
썽샤	shèng xià

한자	汉字
한쯔	hàn zì

한 사람 당 얼마지요?   多少钱一个人
뒤사오치엔이거런   duō shǎo qián yī gè rén

한 사람에 얼마에요?   多少钱一个人
뒤사오치엔이거런   duō shǎo qián yī gè rén

한자로 적으세요.   请用汉字记录
칭융한쯔찌루   qǐng yòng hàn zì jì lù

한잔 더 주세요.	再来一杯
짜이라이이뻬이	zài lái yī bēi

한잔 하지.	干一杯
깐이뻬이	gān yī bēi

한잔 합시다.	干一杯吧
깐이뻬이바	gān yī bēi ba

한창때	正....时
쩡스	zhèng shí

한쪽 손	一只手
이즈서우	yī zhī shǒu

한탄하다.	叹气
탄치이	tàn qì

할당	分配
펀페이	fēn pèi

할 리가 없다.	不可能做
뿌커넝쭈어	bù kě néng zuò

할 수 없다.	不能做
뿌넝쭈어	bù néng zuò

할 수 없습니다. 뿌넝쭈어더	不能做的 bù néng zuò de
할 수 없이 뿌더뿌	不得不 bù dé bù
할 수 있습니까? 넝쭈어마	能做吗? néng zuò ma
한마디만 할게. 쮸숴이쮜	就说一句 jiù shuō yī jù
할 수 있습니다. 넝쭈어따오	能做到 néng zuò dào
할 의사가 없다. 뿌샹쭈어	不想做 bù xiǎng zuò
할인 다저	打折 dǎ zhé
~할 작정이다. 다쑤안쭈어	打算做 dǎ suàn zuò
할증 쨔쨔	加价 jiā jià
할증 요금 푸쟈페이	附加费 fù jiā fèi
핥다. 티엔	舔 tiǎn
함께 이치	一起 yī qǐ
함께 가자. 이치 취바	一起去吧 yī qǐ qù ba
함부로 수이삐엔	随便 suí biàn
합니까? 쭈어마	做吗? zuò ma
합니다. 쭈어	做 zuò
합리적 허리더	合理的 hé lǐ de
합승 허청	合乘 hé chéng
합시다. 카이스바	开始吧 kāi shǐ ba
합의 시에이	协议 xié yì

할 일은 않고 요구만 한다.
하오츠란쭈어
好吃懒做
hào chī lǎn zuò

합리적인 사고 방식
허리더쓰카오팡쓰
合理的思考方式
hé lǐ de sī kǎo fāng shì

| 항구 | 港口 | 해 버렸다. | 干掉了 |
| 깡커우 | gǎng kǒu | 깐띠아오러 | gàn diào le |

| 항복 | 降伏 | 해 주다. | 给做 |
| 샹푸 | xiáng fú | 게이쭈어 | gěi zuò |

| 항상 | 总是 | 해 주십시오. | 请给做 |
| 중쓰 | zǒng shì | 치잉게이쭈어 | qǐng gěi zuò |

| 늘쌍 | 时常 | 해방시키다. | 解放 |
| 스창 | shí cháng | 지에팡 | jiě fàng |

| 항아리 | 壶 | 해 보다. | 试着做 |
| 후 | hú | 쓰저쭈어 | shì zhe zuò |

| 해가 뜨다. | 日出 | 해 보아라. | 试试看 |
| 르추 | rì chū | 쓰쓰칸 | shì shì kàn |

| 해가 지다. | 日落 | 해 보이다. | 做给看 |
| 르뤄 | rì luò | 쭈어게이칸 | zuò gěi kàn |

| 해군 | 海军 | 해서는 안된다. | 绝不能做 |
| 하이쥔 | hǎi jūn | 줴뿌넝쭈어 | jué bù néng zuò |

| 해도 좋다. | 做也行 | 해석하다. | 解释 |
| 쭈어예싱 | zuò yě xíng | 지에쓰 | jiě shì |

| 해 드리다. | 给做 | 해수욕 | 海水浴 |
| 게이쭈어 | gěi zuò | 하이수이위 | hǎi shuǐ yù |

| 해 드릴까요? | 帮帮您 | 해안 | 海岸 |
| 빵방닌 | bāng bāng nín | 하이안 | hǎi àn |

| 해 버리다. | 干掉 | 해야 한다. | 要做 |
| 깐띠아오 | gàn diào | 야오쭈어 | yào zuò |

1회 2회 3회

해외	海外
하이와이	hǎi wài

해초	海草
하이차오	hǎi cǎo

햇볕에 탐	晒黑
싸이허이	shài hēi

했습니다.	做了
쭈어러	zuò le

행동	行动
싱뚱	xíng dòng

행복	幸福
싱푸	xìng fú

행복하다.	感到幸福
깐따오싱푸	gǎn dào xìng fú

행운	幸运
싱윈	xìng yùn

행운의 여신	幸运女神
씽윈뉘선	xìng yùn nǚ shén

향기	香气
샹치	xiāng qì

향기를 맡다.	闻香
원샹	wén xiāng

향수	香水
샹수이	xiāng shuǐ

허리	腰
야오	yāo

해야만 합니다.	非得做
페이데이쭈어	fēi děi zuò

허리가 굽다.	驼背
투어뻬이	tuó bèi

허세를 부리다.	虚张声势
쒸장썽쓰	xū zhāng shēng shì

하

행방불명	去向不明
취샹뿌밍	qù xiàng bù míng

해 주시겠습니까?	能给做吗？
넝게이쭤마	néng gěi zuò ma

해보지 않고는 모른다.	不试不知道
부쓰부즈따오	bú shì bù zhī dào

헛갈리기 쉽다.	容易混淆
룽이훈쇼	róng yì hùn xiáo

한국어	발음	중국어	병음
허전하다.	쿵쒸	空虚	kōng xū
허풍장이	추이니우	吹牛	chuī niú
헐겁다.	쑹뚱	松动	sōng dòng
험악	시엔어	险恶	xiǎn è
헤어지다.	펀리	分离	fēn lí
헤엄치다.	유융	游泳	yóu yǒng
헷갈리다.	훈쇼	混淆	hùn xiáo
혀	서어터우	舌头	shé tou
현금	씨엔찐	现金	xiàn jīn
현대	씨엔따이	现代	xiàn dài
현대적	씨엔따이더	现代的	xiàn dài de
현상	씨엔샹	现象	xiàn xiàng
현실	씨엔스	现实	xiàn shí
현재	씨엔짜이	现在	xiàn zài

형제 자매
슝띠지에메이
兄弟姊妹
xiōng dì jiě mèi

형편이 안좋다.
칭쾅부묘
情况不妙
qíng kuàng bú miào

호흡이 맞지 않다.
후시뿌쥔윈
呼吸不均匀
hū xī bù jūn yún

허물없이 대하다.
따이런친미우지엔
待人亲密无间
dài rén qīn mì wú jiān

형제는 몇 분이십니까?
슝띠지거
有几个兄弟？
yǒu jǐ ge xiōng dì

현판 비엔어	匾額 biǎn é	호색가 하오쓰어저	好色者 hào sè zhě
협력 시에리	协力 xié lì	호소하다. 하오자오	号召 hào zhāo
협력합시다. 허쭈어바	合作吧 hé zuò ba	호수 후수이	湖水 hú shuǐ
협박하다. 시에프어	胁迫 xié pò	호주머니 커우따이	口袋 kǒu dài
형 슝	兄 xiōng	호칭 청후	称呼 chēng hū
형부 지에푸	姐夫 jiě fū	호텔 삔관	宾馆 bīn guǎn
호되다. 헌	狠 hěn	호흡 후씨	呼吸 hū xī
호랑이 후	虎 hǔ	혹은 후어저	或者 huò zhě

호랑이도 제 말을 하면 온다.　　说老虎老虎就到
쉬라오후라오후쮸따오　　shuō lǎo hǔ lǎo hǔ jiù dào

호텔 로비로 오십시오.　　请到宾馆大厅
칭따오삔관따팅　　qǐng dào bīn guǎn dà tīng

호텔에 도착하면 전화하겠습니다　　到宾馆后再打电话
따오삔관허우짜이다띠엔화　　dào bīn guǎn hòu zài dǎ diàn huà

호텔 예약을 하고 싶은데요.　　想定宾馆
샹띵삔관　　xiǎng dìng bīn guǎn

하

혼나다.	挨训	화가 나다.	发火
아이쒼	ái xùn	파훠	fā huǒ

혼담	婚事	화났어요.	生气了
훈스	hūn shì	성치러	shēng qì le

혼란	混乱	화내다.	生气
훈루안	hùn luàn	성치	shēng qì

혼란스럽다.	无秩序	화내지 말아요.	别生气
우즈쉬	wú zhì xù	비에성치	bié shēng qì

혼자	一个人	화려하군요.	好华丽
이거런	yī ge rén	하오화리	hǎo huá lì

혼자서 할게.	自己做	화병	花瓶
쯔지쭈어	zì jǐ zuò	화핑	huā píng

혼잡	混乱	화분	花盆
훈루안	hùn luàn	화펀	huā pén

혼잡하다.	混乱	화산	火山
훈루안	hùn luàn	훠산	huǒ shān

홍수	洪水	화장실	洗手间
훙수이	hóng shuǐ	시이서우지엔	xǐ shǒu jiān

화장실 좀 쓰겠습니다. 借用一下洗手间
찌에융이샤시서우지엔　　jiè yòng yī xià xǐ shǒu jiān

화장실 좀 빌려도 되겠습니까? 可以用一下洗手间吗？
커이융이샤시서우지엔마　　kě yǐ yòng yī xià xǐ shǒu jiān ma

화장하지 않아도 예쁩니다. 不化妆也漂亮
부화쭈앙예퍄오량　　bú huà zhuāng yě piào liang

화장품 화아쭈앙핀	化妆品 huà zhuāng pǐn	환 환	换 huàn
화장하십시오. 칭화쭈앙	请化妆 qǐng huà zhuāng	환영회 환잉후이	欢迎会 huān yíng huì
화재 훠짜이	火灾 huǒ zāi	환전 뚜이환	兑换 duì huàn
화학 화쉐	化学 huà xué	환희 환시	欢喜 huān xǐ
화해하다. 허지에	和解 hé jiě	활 궁	弓 gōng
화해하다. 허하오루추	和好如初 hé hǎo rú chū	황송합니다. 빠오치엔	抱歉 bào qiàn
확실 췌스	确实 guè shí	회계 콰이지	会计 kuài jì
확실하다. 췌스	确实 guè shí	회사 꿍스	公司 gōng sī
확실히 췌치에더	确切地 guè qiè de	회사원 즈웬	职员 zhí yuán
확약 웨띵	约定 yuē dìng	회의 후이이	会议 huì yì
확인 췌런	确认 què rèn	회화 후이화	会话 huì huà
확정 췌에띵	确定 què dìng	효과 쇼궈	效果 xiào guǒ

효도 쇼따오	孝道 xiào dào	휴일 슈찌아르	假日 jià rì
후불 허우푸	后付 hòu fù	휴지 서우즈	手纸 shǒu zhǐ
후회 허우후이	后悔 hòu huǐ	흉내내다. 쉐양	学样 xué yàng
후회하다. 허우후이	后悔 hòu huǐ	흐르다. 류탕	流淌 liú tǎng
훈훈하다. 누안훠	暖和 nuǎn huo	흐리다. 인	阴 yīn
훌륭하다. 찡차이	精彩 jīng cǎi	흑판 허이반	黑板 hēi bǎn
훔치다. 터우따오	偷盗 tōu dào	흔들다. 야오뚱	摇动 yáo dòng
휴가 슈쟈	休假 xiū jià	흔하다. 둬더쓰	多的是 duō de shì
휴대 시에따이	携带 xié dài	흘낏 쳐다보다. 사오이옌	扫一眼 sǎo yī yǎn
휴대하다. 시에따이	携带 xié dài	흥미를 갖다. 간씽취	感兴趣 gǎn xìng qù
휴양을 취하세요. 슈양	休养 xiū yǎng	흥분시키다. 뻬이씽펀	被兴奋 bèi xīng fèn
휴업일 슈시르	休息日 xiū xi rì	흥분하다. 씽펀	兴奋 xīng fèn

한국어	발음	중국어	병음
흥분 (이성을 잃다)	쌍스리쯔	丧失理志	sàng shī lǐ zhì
흥이 깨지다.	사오씽	扫兴	sǎo xìng
희망	씨왕	希望	xī wàng
소망	쑤웬	夙愿	sù yuàn
흐리다.	인티엔	阴天	yīn tiān
흑백	허이바이	黑白	hēi bái
희소식	시쒼	喜讯	xǐ xùn
힘	리량	力量	lì liàng
힘껏	스찐	使劲	shǐ jìn
힘겹다.	츠리	吃力	chī lì
힘이 다하다.	리지에	力竭	lì jié
힘이 세다.	리따	力大	lì dà
환경이 좋지 않다.	환찡차	环境差	huán jìng chà

흥망성쇠
씽왕성쑤아이
兴旺盛衰
xīng wàng shèng shuāi

힘껏 노력하겠습니다.
지에찐췐리
竭尽全力
jié jìn quán lì

일상필수용어집

- 숫자
- 날/요일/월/시간/단위
- 레스토랑/식사/식료품
- 교통
- 병
- 긴급

숫자

영 링	0 líng	십 스	10 shí
일 이	1 yī	십일 스이	11 shí yī
이 얼	2 èr	십이 스얼	12 shí èr
삼 싼	3 sān	십삼 스싼	13 shí sān
사 쓰	4 sì	십사 스쓰	14 shí sì
오 우	5 wǔ	십오 스우	15 shí wǔ
육 류	6 liù	이십 얼스	20 èr shí
칠 치	7 qī	이십 일 얼스이	21 èr shí yī
팔 빠	8 bā	이십 오 얼스우	25 èr shí wǔ
구 쥬	9 jiǔ	삼십 싼스	30 sān shí

사십 쓰스	40 sì shí	**삼천** 싼치엔	三千 sān qiān
오십 우스	50 wǔ shí	**오천** 우치엔	五千 wǔ qiān
육십 류스	60 liù shí	**만** 이완	一万 yī wàn
칠십 치스	70 qī shí	**이만** 량완	二万 liǎng wàn
팔십 빠스	80 bā shí	**십만** 스완	十万 shí wàn
구십 쥬스	90 jiǔ shí	**칠십만** 치스완	七十万 qī shí wàn
백 이바이	100 yī bǎi	**백만** 바이완	百万 bǎi wàn
백오십육 이바이우스류	156 yī bǎi wǔ shí liù	**사백만** 쓰바이완	四百万 sì bǎi wàn
사백칠 쓰바이링치	407 sì bǎi líng qī	**천만** 치엔완	千万 qiān wàn
팔백구십일 빠바이쥬스이	891 bā bǎi jiǔ shí yī	**억** 이	亿 yì
천 이치엔	千 yī qiān	**조** 짜오	兆 zhào

하나 이	一 yī	열다섯 스우	15 shí wǔ
둘 얼	二 èr	스물 얼스	二十 èr shí
셋 싼	三 sān	서른 싼스	三十 sān shí
넷 쓰	四 sì	마흔 쓰스	四十 sì shí
다섯 우	五 wǔ	쉰 우스	五十 wǔ shí
여섯 류	六 liù	예순 류스	六十 liù shí
일곱 치	七 qī	일흔 치스	七十 qī shí
여덟 빠	八 bā	여든 빠스	八十 bā shí
아홉 쥬	九 jiǔ	아흔 쥬스	九十 jiǔ shí
열 스	十 shí	백 바이	百 bǎi
열하나 스이	11 shí yī	제 일 띠이	第一 dì yī

기타

제 이 띠얼	第二 dì èr	세 사람 싼거런	三个人 sān ge rén
제 삼 띠싼	第三 dì sān	네 사람 스거런	四个人 sì ge rén
첫 번째 띠이거	第一个 dì yī ge	다섯 사람 우거런	五个人 wǔ ge rén
두 번째 띠얼거	第二个 dì èr ge	한 개 이거	一个 yī ge
세 번째 띠싼거	第三个 dì sān ge	두 개 량거	二个 liǎng ge
한 번 이후이	一回 yī huí	세 개 싼거	三个 sān ge
두 번 량후이	二回 liǎng huí	네 개 쓰거	四个 sì ge
세 번 싼후이	三回 sān huí	다섯 개 우거	五个 wǔ ge
네 번 쓰후이	四回 sì huí	한 살 이쑤이	一岁 yī suì
한 사람 이거런	一个人 yī ge rén	두 살 량쑤이	二岁 liǎng suì
두 사람 량거런	两个人 liǎng ge rén	세 살 싼쑤이	三岁 sān suì

네 살	四岁	오백원	五百元
쓰쑤이	sì suì	우바이왠	wǔ bǎi yuán

열 살	十岁	천원	千元
스쑤이	shí suì	치엔왠	qiān yuán

스무살	二十岁	오천원	五千元
얼스쑤이	èr shí suì	우치엔왠	wǔ qiān yuán

십원	十元	만원	一万元
스왠	shí yuán	이완왠	yī wàn yuán

오십원	五十元	오만원	五万元
우스왠	wǔ shí yuán	우완왠	wǔ wàn yuán

백원	百元	십만원	十万元
바이왠	bǎi yuán	스완왠	shí wàn yuán

일

초하루	初一	초닷새	初五
추이	chū yī	추우	chū wǔ

초이틀	初二	초엿새	初六
추얼	chū èr	추류	chū liù

초사흘	初三	초이레	初七
추싼	chū sān	추치	chū qī

초나흘	初四	초여드레	初八
추쓰	chū sì	추빠	chū bā

기타

초아흐레 추쥬	初九 chū jiǔ	**삼일** 싼르	三日 sān rì
초열흘 추스	初十 chū shí	**사일** 쓰르	四日 sì rì
열하루 스이르	11日 shí yī rì	**오일** 우르	五日 wǔ rì
열이틀 스얼르	12日 shí èr rì	**육일** 류르	六日 liù rì
열사흘 스싼르	13日 shí sān rì	**칠일** 치르	七日 qī rì
열나흘 스쓰르	14日 shí sì rì	**팔일** 빠르	八日 bā rì
스무날 얼스텐	二十天 èr shí tiān	**구일** 쥬르	九日 jiǔ rì
그믐 추씨	除夕 chú xī	**십일** 스르	十日 shí rì
월말 웨뭐	月末 yuè mò	**이십일** 얼스르	二十日 èr shí rì
일일 이르	一日 yī rì	**삼십일** 싼스르	三十日 sān shí rì
이일 얼르	二日 èr rì	**삼십일일** 싼스이르	三十一日 sān shí yī rì

오늘	今日	내일	明日
찐르	jīn rì	밍르	míng rì

오늘 안으로	今日之内	내일 중으로	明日之内
찐르즈내이	jīn rì zhī nèi	밍르즈내이	míng rì zhī nèi

어제	昨日	내일 아침	明天早晨
쭤르	zuó rì	밍티엔조천	míng tiān zǎo chén

어제 오후	昨天下午	내일 오후	明天下午
쭤티엔씨아우	zuó tiān xià wǔ	밍티엔씨아우	míng tiān xià wǔ

어젯밤	昨夜	모레	后天
쭤예	zuó yè	허우티엔	hòu tiān

오늘 아침	今天早晨	글피	大后天
찐티엔조천	jīn tiān zǎo chén	따허우티엔	dà hòu tiān

오늘 오후	今天下午	며칠	几天
찐티엔씨아우	jīn tiān xià wǔ	지티엔	jǐ tiān

그저께	前天	언제든지	随时
치엔티엔	qián tiān	수이스	suí shí

언제입니까?	什么时候?
선머스허우	shén me shí hou

언제부터	从什么时候?
충선머스허우	cóng shén me shí hou

언제까지	到什么时候?
또선머스허우	dào shén me shí hou

기타

일요일 씽치르	星期日 xīng qī rì		**이월** 얼외	二月 èr yuè
월요일 씽치이	星期一 xīng qī yī		**삼월** 싼외	三月 sān yuè
화요일 씽치얼	星期二 xīng qī èr		**사월** 쓰외	四月 sì yuè
수요일 씽치싼	星期三 xīng qī sān		**오월** 우외	五月 wǔ yuè
목요일 씽치쓰	星期四 xīng qī sì		**유월** 류외	六月 liù yuè
금요일 씽치우	星期五 xīng qī wǔ		**칠월** 치외	七月 qī yuè
토요일 씽치류	星期六 xīng qī liù		**팔월** 빠외	八月 bā yuè
금주 쩌이저우	这一周 zhè yī zhōu		**구월** 쥬외	九月 jiǔ yuè
전주 쌍저우	上周 shàng zhōu		**시월** 스외	十月 shí yuè
내주 씨아저우	下周 xià zhōu		**십일월** 스이외	十一月 shí yī yuè
일월 이외	一月 yī yuè		**십이월** 스얼외	十二月 shí èr yuè

지난달 쌍거외	上个月 shàng ge yuè	**연말** 니엔뭐	年末 nián mò
이달 쩌이거외	这个月 zhèi ge yuè	**설날** 춘지에	春节 chūn jié
내달 씨아거외	下个月 xià ge yuè	**일년** 이니엔	一年 yī nián
상순 쌍쉰	上旬 shàng xún	**한시** 이디엔	一点 yī diǎn
중순 쭝쉰	中旬 zhōng xún	**두시** 량디엔	两点 liǎng diǎn
하순 씨아쉰	下旬 xià xún	**세시** 싼디엔	三点 sān diǎn
월말 외뭐	月末 yuè mò	**네시** 쓰디엔	四点 sì diǎn
작년 취니엔	去年 qù nián	**다섯시** 우디엔	五点 wǔ diǎn
금년 찐니엔	今年 jīn nián	**여섯시** 류디엔	六点 liù diǎn
내년 라이니엔	来年 lái nián	**일곱시** 치디엔	七点 qī diǎn
섣달 그믐 따니엔싼스	大年三十 dà nián sān shí	**여덟시** 빠디엔	八点 bā diǎn

기타

아홉시 쥬디엔	九点 jiǔ diǎn	사분 쓰펀중	四分钟 sì fēn zhōng
열시 스디엔	十点 shí diǎn	오분 우펀중	五分钟 wǔ fēn zhōng
열한시 스이디엔	十一点 shí yī diǎn	십분 스펀중	十分钟 shí fēn zhōng
열두시 스얼디엔	十二点 shí èr diǎn	십오분 스우펀중	十五分钟 shí wǔ fēn zhōng
정오 쭝우	中午 zhōng wǔ	이십분 얼스펀	二十分 èr shí fēn
영시 링디엔	零点 líng diǎn	삼십분 싼스펀	三十分 sān shí fēn
일분 이펀중	一分钟 yī fēn zhōng	오전 쌍우	上午 shàng wǔ
이분 량펀중	二分钟 liǎng fēn zhōng	오전 중으로 우치엔	午前 wǔ qián
삼분 싼펀중	三分钟 sān fēn zhōng	오후 씨아우	下午 xià wǔ

이십분 전 얼스펀중치엔	二十分钟前 èr shí fēn zhōng qián
십분 전 스펀중치엔	十分钟前 shí fēn zhōng qián

한국어	한자	한국어	한자
오늘밤 찐예	今夜 jīn yè	~개 꺼	~个 gè
반시간 빤거쇼스	半个小时 bàn ge xiǎo shí	~호차 하오처	~号车 hào chē
한시간 이거쇼스	一个小时 yī ge xiǎo shí	~권 처	~册 cè
두시간 량거쇼스	两个小时 liǎng ge xiǎo shí	~살 수이	~岁 suì
세시간 싼거쇼스	三个小时 sān ge xiǎo shí	주 저우	周 zhōu
세시 반 싼디엔빤	三点半 sān diǎn bàn	주간 바이티엔	白天 bái tiān
약 네시간 외쓰거쇼스	约四个小时 yuē sì ge xiǎo shí	시 스	时 shí
여덟시 칠분 빠디엔치펀	八点七分 bā diǎn qī fēn	종류 중레이	种类 zhǒng lèi
십이초 스얼묘	十二秒 shí èr miǎo	켤레 쑤앙	双 shuāng
~회·번 후이, 츠	~回, 次 huí cì	다스 다	打 dǎ
~층 청	~层 céng	대 타이	台 tái

기타

달 외	月 yuè	배 뻐이	倍 bèi
마리 피	匹 pǐ	번 하오	号 hào
~번 츠	~次 cì	병 핑	瓶 píng
사람 런	人 rén	~장 메이	~枚 méi
일 르	日 rì	~할 청	~成 chéng
년 니엔	年 nián	몇 사람 지거런	几个人 jǐ ge rén
갑 샹	箱 xiāng	몇 시 지디엔	几点 jǐ diǎn
잔 뻬이	杯 bēi	몇 번 지츠	几次 jǐ cì
박 표	瓢 piáo		

레스토랑/식사/식료품

이 근처에 좋은 식당을 가르쳐 주세요.
请介绍一下这附近有哪些不错的饭店
칭찌에쏘이샤쩌푸찐유나씨에부춰더판띠엔
qǐng jiè shào yī xià zhè fù jìn yǒu nǎ xiē bú cuò de fàn diàn

아침 식사는 무엇으로 하시겠어요? 早餐想吃什么?
조찬샹츠선머 zǎo cān xiǎng chī shén me

저녁 식사는 방으로 갖다 주세요.
晚餐请送到房间来
완찬칭쏭또팡찌엔라이
wǎn cān qǐng sòng dào fáng jiān lái

식사하러 가지 않겠어요? 去不去吃饭?
취부취츠판 qù bú qù chī fàn

아침 식사 하셨어요? 吃早饭了吗?
츠조판러마 chī zǎo fàn le ma

아침 식사는 무엇이 됩니까? 早饭吃什么?
조판츠선머 zǎo fàn chī shén me

세 사람 테이블 있습니까? 有三人座的吗?
유싼런쭈어더마 yǒu sān rén zuò de ma

있습니다. 有
유 yǒu

마시면서 이야기합시다. 边喝边聊吧
비엔허비엔료바 biān hē biān liáo ba

술은 못합니다. 부후이허쥬	不会喝酒 bú huì hē jiǔ
메뉴를 보여주세요. 칭게이나이샤차이단	请给拿一下菜单 qǐng gěi ná yī xià cài dān
마실 것은 어떤 것이 있습니까? 유선머허더	有什么喝的？ yǒu shén me hē de
맥주 한 병 주세요. 칭라이핑피쥬	请来瓶啤酒 qǐng lái píng pí jiǔ
물 탄 위스키를 주세요. 게이워이뻬이쨔수이더워이쓰지	给我一杯加水的威士忌 gěi wǒ yī bēi jiā shuǐ de wēi shì jì
한 잔 더 주세요. 짜이라이이뻬이	再来一杯 zài lái yī bēi
저도 같은 것으로 부탁해요. 워예요이양더	我也要一样的 wǒ yě yào yī yàng de
저것과 같은 것을 주세요. 칭게이워껀내이거이양더	请给我跟那个一样的 qǐng gěi wǒ gēn nèi ge yī yàng de
이걸로 하겠어요. 쭈라이쩌이거	就来这个 jiù lái zhèi ge
아직 요리가 안 왔어요. 차이하이메이유쌍라이	菜还没有上来 cài hái méi yǒu shàng lái
바로 되는 것이 있습니까? 유마쌍넝쌍더차이마	有马上能上的菜吗？ yǒu mǎ shang néng shàng de cài ma

곧 됩니까? 콰이마	快吗？ kuài ma
얼마나 기다려야 합니까? 쒸야오덩두어창스지엔	需要等多长时间？ xū yào děng duō cháng shí jiān
물 좀 주세요. 칭게이라이뻬이수이	请给来杯水 qǐng gěi lái bēi shuǐ
차를 한 잔 주세요. 칭라이뻬이차	请来杯茶 qǐng lái bēi chá
바꿔 주세요. 칭게이환이샤	请给换一下 qǐng gěi huàn yī xià
뭐 다른 것을 주문할까요? 짜이라이디엘베더	再来点儿别的？ zài lái diǎnr bié de
작은 접시를 주세요. 칭게이이거쇼디에	请给一个小碟 qǐng gěi yī ge xiǎo dié
살짝 구워 주세요. 카오칭디엘	烤轻点儿 kǎo qīng diǎnr
삶은 계란 서우찌딴	熟鸡蛋 shóu jī dàn
계란 후라이 찌엔찌딴	煎鸡蛋 jiān jī dàn
빵을 좀더 주세요. 짜이라이디엘미엔빠오	再来点儿面包 zài lái diǎnr miàn bāo

한국 요리 한궈료리	韩国料理 hán guó liào lǐ	달다. 티엔	甜 tián
일본 요리 르번료리	日本料理 rì běn liào lǐ	맵다. 라	辣 là
중국 요리 쭝궈차이요	中国菜肴 zhōng guó cài yáo	짜다. 시엔	咸 xián
서양 요리 씨찬	西餐 xī cān	시다 쑤안	酸 suān
대포집 쥬띠엔	酒店 jiǔ diàn	쓰다. 쿠	苦 kǔ
술집 쥬빠	酒吧 jiǔ bā	떫다. 써	涩 sè
술 쥬	酒 jiǔ	된장 따찌앙	大酱 dà jiàng
맥주 피쥬	啤酒 pí jiǔ	된장국 따찌앙탕	大酱汤 dà jiàng tāng
소주 사오쥬	烧酒 shāo jiǔ	고추장 라죠찌앙	辣椒酱 là jiāo jiàng
단 맛 티엔워얼	甜味儿 tián wèir	죽 쩌우	粥 zhōu
매운 맛 라워얼	辣味儿 là wèir	김치 라바이차이	辣白菜 là bái cài

깍두기	辣萝卜块儿	구운 생선	煎鱼
라루어버콸	là luó bo kuàir	찌엔위	jiān yú

반찬	菜	볶다.	炒
차이	cài	차오	chǎo

겨자	芥末	조리다.	炖
찌에뭐	jiè mo	뚠	dùn

고추	辣椒	삶다.	煮
라죠	là jiāo	주	zhǔ

식초	醋	튀김	炸
추	cù	자	zhá

깨	芝麻	떡	饼
쯔마	zhī ma	빙	bǐng

참기름	香油	떡국	年糕汤
샹유	xiāng yóu	니엔까오탕	nián gāo tāng

식용유	食用油	밥	米饭
스융유	shí yòng yóu	미판	mǐ fàn

간장	酱油	주먹밥	饭团
찌앙유	jiàng yóu	판투안	fàn tuán

물	水	볶은밥	炒饭
수이	shuǐ	초판	chǎo fàn

끓인물	烧水	면류	面类
사오수이	shāo shuǐ	미엔레이	miàn lèi

기타

우동 미엔툐	面条 miàn tiáo	얼음 삥	冰 bīng
소금 옌	盐 yán	빙수 삥수이	冰水 bīng shuǐ
설탕 바이탕	白糖 bái táng	커피 카페이	咖啡 kā fēi
옥수수 위미	玉米 yù mǐ	쇠고기 뉴러우	牛肉 niú ròu
쌀 미	米 mǐ	돼지고기 쭈러우	猪肉 zhū ròu
보리 따마이	大麦 dà mài	닭고기 찌러우	鸡肉 jī ròu
조 쇼미	小米 xiǎo mǐ	불고기 카오러우	烤肉 kǎo ròu
콩 따떠우	大豆 dà dòu	술안주 씨아주차이	下酒菜 xià jiǔ cài
차 차	茶 chá	초무침 량빤차이	凉拌菜 liáng bàn cài
홍차 홍차	红茶 hóng chá	조림 뚠차이	炖菜 dùn cài
냉면 렁미엔	冷面 lěng miàn	마파두유 마프어떠우푸	麻婆豆腐 má pó dòu fu

한국어	중국어	병음		한국어	중국어	병음

라자계정	辣子鸡丁	là zi jī dīng
라즈찌띵		
어햐육사	鱼香肉丝	yú xiāng ròu sī
위씨앙러우스		
새우튀김	炸大虾	zhá dà xiā
자따샤		
된장찌개	大酱汤	dà jiàng tāng
따찌앙탕		
김치찌개	泡菜汤	pào cài tāng
포차이탕		
도미	鲷鱼	diāo yú
띠아오위		
왕새우	大虾	dà xiā
따샤		
오징어	鱿鱼	yóu yú
유위		
말린 오징어	干乌贼	gān wū zéi
깐우제이		
게	螃蟹	páng xiè
팡씨에		
낙지	章鱼	zhāng yú
짱위		

연어	鲑鱼	guī yú
꾸이위		
방어	鲥鱼	shī yú
쓰위		
송어	鳟鱼	zūn yú
쭌위		
넙치	偏口鱼	piān kǒu yú
피엔커우위		
대구	鳕鱼	xuě yú
쇠위		
대구알	鳕鱼子	xuě yú zǐ
쇠위즈		
명란알	明太鱼子	míng tài yú zǐ
밍타이위즈		
멸치	鳀鱼	tí yú
티위		
조기	黄花鱼	huáng huā yú
황화위		
고등어	青花鱼	qīng huā yú
칭화위		
날치	燕鱼	yàn yú
옌위		

기타

삼치 빠위	鲅鱼 bà yú	붕어 찌위	鲫鱼 jì yú
상어 싸위	鲨鱼 shā yú	조개 거리	蛤蜊 gé li
정어리 싸띵위	沙丁鱼 shā dīng yú	대합 거리	蛤蜊 gé li
갈치 또위	刀鱼 dāo yú	소라 하이뤄	海螺 hǎi luó
뱀장어 싼위	鳝鱼 shàn yú	굴 하이거리	海蛤蜊 hǎi gé li
꽁치 빠위	鲅鱼 bà yú	전복 빠오위	鲍鱼 bào yú
해삼 하이썬	海参 hǎi shēn	전복회 셩빤빠오위	生拌鲍鱼 shēng bàn bào yú
민물고기 딴수이위	淡水鱼 dàn shuǐ yú	다시마 하이따이	海带 hǎi dài
잉어 리위	鲤鱼 lǐ yú	미역 하이따이	海带 hǎi dài
은어 니엔위	年鱼 nián yú	김 즈차이	紫菜 zǐ cài
미꾸라지 니츄	泥鳅 ní qiu	버섯 뭐구	蘑菇 mó gu

송이버섯 (숭커우뭐)	松口蘑 (sōng kǒu mó)	당근 (후뤄버)	胡萝卜 (hú luó bo)
감자 (투떠우)	土豆 (tǔ dòu)	토란 (위터우)	芋头 (yù tou)
고구마 (띠과)	地瓜 (dì guā)	마늘 (쑤안)	蒜 (suàn)
야채 (쑤차이)	蔬菜 (shū cài)	무 (뤄버)	萝卜 (luó bo)
시금치 (뿨우차이)	波菜 (bō cài)	콩 (따떠우)	大豆 (dà dòu)
양상치 (양썽차이)	洋生菜 (yáng shēng cài)	배추 (바이차이)	白菜 (bái cài)
가지 (치에즈)	茄子 (qié zi)	쑥갓 (호즈가알)	蒿子秆儿 (hāo zi gǎnr)
오이 (황과)	黄瓜 (huáng guā)	호박 (난과)	南瓜 (nán guā)
파 (충)	葱 (cōng)	연뿌리 (리엔껀)	莲根 (lián gēn)
양파 (양충)	洋葱 (yáng cōng)	고사리 (쥐차이)	蕨菜 (jué cài)
양배추 (양바이차이)	洋白菜 (yáng bái cài)	완두 (완떠우)	豌豆 (wān dòu)

기타

땅콩 화썽	花生 huā shēng	포도 푸타오	葡萄 pú tao
밤 리즈	栗子 lì zi	복숭아 타오	桃 táo
나물 예차이	野菜 yě cài	수박 씨과	西瓜 xī guā
사과 핑궈	苹果 píng guǒ	감 쓰쯔	柿子 shì zi
배 리	梨 lí	매화 메이화	梅花 méi huā
딸기 초메이	草莓 cǎo méi	과자 빙깐	饼干 bǐng gān
귤 쥐즈	橘子 jú zi		

교통

고속버스를 타고 갑니다.　　　　　　坐豪华长途汽车去
쭈어호화창투치처취
　　　　　　　　　　zuò háo huá cháng tú qì chē qù

~행 버스는 어디서 출발합니까?　~路公共汽车始发站在哪儿?
~루꿍꿍치처스파짠짜이날
　　　　　　　　　~lù gōng gòng qì chē shǐ fā zhàn zài nǎr

~행 차표는 어디서 사요?　　　　在哪儿买去~车票?
짜이날마이취~처표
　　　　　　　　　　zài nǎr mǎi qù~ chē piào

~부터~까지 얼마에요?　　　　　从~到~多少钱一张票?
충~따오~뒤소치엔이장표
　　　　　　　　　cóng~dào~duō shǎo qián yī zhāng piào

~에 가려면 어디서 내려야 해요?　去~在哪儿下车?
취~짜이날샤처
　　　　　　　　　　qù~zài nǎr xià chē

~에 가려면 이 버스를 타면 되요?　去~是坐这路公共汽车吗?
취~쓰쭈어쩌이루꿍꿍치처마
　　　　　　　　qù~shì zuò zhèi lù gōng gòng qì chē ma

~행은 몇 번 홈에서 출발해요?　去~次火车在哪个站台?
취~츠훠처짜이내이거짠타이
　　　　　　　　　qù~cì huǒ chē zài něi ge zhàn tái

다음 ~행은 몇 시에 출발해요?　下一班去~的车几点出发?
샤빤취 ~더처지디엔추파
　　　　　　　　　xià yī bān qù~de chē jǐ diǎn chū fā

기타

~에는 몇 시에 도착해요? 지디엔따오	几点到？ jǐ diǎn dào
시간표를 주세요. 칭게이이번리에처스커뱌오	请给一本列车时刻表 qǐng gěi yī běn liè chē shí kè biǎo
천진까지 두장 주세요. 마이량장취톈진더퍄오	买两张去天津的票 mǎi liǎng zhāng qù tiān jīn de piào
이 고속버스는 심양에 갑니까? 쩌이거창투치처취선양마	这个长途汽车去沈阳吗？ zhèi ge cháng tú qì chē qù shěn yáng ma
여기는 무슨 역입니까? 쩌이짠스선머짠	这一站是什么站？ zhè yī zhàn shì shén me zhàn
이것이 신칸센인가요? 쩌쮸쓰씬깐씨엔마	这就是新干线吗？ zhè jiù shì xīn gàn xiàn ma
담배를 피워도 좋습니까? 커이씨엔마	可以吸烟吗？ kě yǐ xī yān ma
예약을 확인하고 싶은데요. 샹최련이샤위띵칭쾅	想确认一下预定情况 xiǎng què rèn yī xià yù dìng qíng kuàng

좋습니다.	可以	막차	末班车
커이	kě yǐ	뭐반처	mò bān chē

어디 있습니까?	在哪儿	수화물	行李
짜이날	zài nǎr	싱리	xíng li

식당차	食堂车	차표 파는 곳	售票处
스탕처	shí táng chē	써우표추	shòu piào chù

승차권	车票	지하철	地铁
처표	chē piào	띠티에	dì tiě

변경	变更	금연	禁烟
삐엔껑	biàn gēng	찐앤	jìn yān

편도	单程	개찰구	检票口
딴청	dān chéng	지엔표커우	jiǎn piào kǒu

왕복	往返	안내소	服务台
왕판	wǎng fǎn	후우타이	fú wù tái

소요시간	所需时间	갈아타는 역	换成车站
쉬쒸스지엔	suǒ xū shí jiān	환청처짠	huàn chéng chē zhàn

종점	终点	지정석	指定席位
쭝디엔	zhōng diǎn	즈딩시워이	zhǐ dìng xí wèi

기타

병

한국어를 아는 의사는 있습니까? 有会说韩国语的大夫吗？
유후이쉭한궈위더따이푸마
yǒu huì shuō hán guó yǔ de dài fu ma

여기 누우세요. 请躺下
칭탕샤 qǐng tǎng xià

이 상처를 봐 주세요. 请给看一下这个伤口
칭게이칸이샤쩌거쌍커우
qǐng gěi kàn yī xià zhè ge shāng kǒu

감기에 걸렸어요. 感冒了
간마오러 gǎn mào le

혈액형은 A형입니다. 血型是A型
쉐싱쓰A싱 xuè xíng shì A xíng

약국은 어디 있습니까? 哪里有药店？
나리유야오띠엔 nǎ li yǒu yào diàn

이 약은 식후에 먹습니까? 这付药是饭后吃的吗？
쩌푸야오쓰판허우츠더마 zhè fù yào shì fàn hòu chī de ma

몸이 안좋습니다. 身体不太好
썬티부타이하오 shēn tǐ bú tài hǎo

의사 이썽	医生 yī shēng	상처 쌍커우	伤口 shāng kǒu
병원 이웬	医院 yī yuàn	찰과상 차쌍	擦伤 cā shāng
구급차 지쮸처	急救车 jí jiù chē	붕대 뻥따이	绷带 bēng dài
치과 야커	牙科 yá kē	설사 라씨	拉稀 lā xī
안과 앤커	眼科 yǎn kē	약 야오	药 yào
부인과 푸찬커	妇产科 fù chǎn kē	감기약 간마오야오	感冒药 gǎn mào yào
소아과 쇼얼커	小儿科 xiǎo ér kē	안약 앤야오	眼药 yǎn yào
이비인후과 얼비허우커	耳鼻喉科 ěr bí hóu kē	진통제 쩐퉁찌	镇痛剂 zhèn tòng jì
외과 와이커	外科 wài kē	열 르어	热 rè
수술 서우쑤	手术 shǒu shù	고름 눙	脓 nóng
아프다. 퉁	痛 tòng	곪다. 화눙	化脓 huà nóng

기타

어지러움 원	晕 yūn	폐염 페이앤	肺炎 fèi yán
욕지기 어씬	恶心 ě xīn	가슴 슝	胸 xiōng
화상 싸오쌍	烧伤 shāo shāng	등 뻬이	背 bèi
방구 피	屁 pì	심장 씬짱	心脏 xīn zàng
간장 깐짱	肝脏 gān zàng	배 뚜즈	肚子 dù zi
두통 터우퉁	头痛 tóu tòng	잇몸 야추앙	牙床 yá chuáng
복통 푸퉁	腹痛 fù tòng	타박상 다쌍	打伤 dǎ shāng
치통 야퉁	牙痛 yá tòng	당뇨병 탕뇨삥	糖尿病 táng niào bìng
위염 워이앤	胃炎 wèi yán	진찰실 먼전뿌	门诊部 mén zhěn bù
위장약 창워이야오	肠胃药 cháng wèi yào	편도선 비엔토씨엔	扁桃腺 biǎn táo xiàn
한기 한치	寒气 hán qì	고혈압 까오쉬야	高血压 gāo xuè yā

구내염	口腔炎	체온계	体温计
커우챵앤	kǒu qiāng yán	티원찌	tǐ wēn jì

치료	治疗	내과	内科
쯔랴오	zhì liáo	내이커	nèi kē

간호사	护士	신경통	神经痛
후쓰	hù shì	선징통	shén jīng tòng

신장병	肾病	방취제	防臭剂
썬삥	shèn bìng	팡처우찌	fáng chòu jì

피부과	皮肤科	엑스레이	X光线
피푸커	pí fū kē	X꽝씨엔	X guāng xiàn

이질	痢疾
리지	lì ji

기타

긴급

지갑을 도둑맞았어요. 钱包被偷了
치엔뽀뻬이터우러 qián bāo bèi tōu le

분실 증명서를 발행해 주세요. 请给开一份遗失证明
칭게이카이이펀이스쩡밍
qǐng gěi kāi yī fèn yí shī zhèng míng

한국어 할 줄 아는 분 있으세요? 有没有会韩国语的人?
유메이유후이한궈위더런 yǒu méi yǒu huì hán guó yǔ de rén

길을 잃어 버렸어요. 迷路了
미루러 mí lù le

패스포트를 잃어 버렸어요. 丢护照了
띠우후짜오러 diū hù zhào le

전차 안에 가방을 놓고 내렸습니다. 书包落在电车上了
쑤빠오라짜이띠엔처쌍러 shū bāo là zài diàn chē shang le

찾으시면 여기로 연락해 주세요. 寻到者请往这里联系
쉰따오저칭왕쩌리리엔씨 xún dào zhě qǐng wǎng zhè li lián xì

어떻게 하면 ~에 돌아갈 수 있습니까? 怎样才能回到~?
전양차이넝후이따오 zěn yàng cái néng huí dào

화장실은 어디에요? 洗手间在哪儿?
시서우찌엔짜이날 xǐ shǒu jiān zài nǎr

한국 대사관은 어디지요?	韩国大使馆在什么地方？
한궈따스관짜이선머띠팡	hán guó dà shǐ guǎn zài shén me dì fang

위험해요.	危险	화재 비상구	紧急出口
웨이시엔	wēi xiǎn	진지추커우	jǐn jí chū kǒu

사람 살려.	救人啊	고장	故障
쥬런아	jiù rén a	꾸짱	gù zhàng

도둑이야.	小偷
쇼터우	xiǎo tōu

기타

부 록

- 지명
- 자주 보이는 간체자
- SOS 긴급전화

지명

중국의 지명에는 공식 명칭 이외에도 한 글자로 줄인 약칭이 널리 쓰인다. 특히 기차표나 표지판 등에도 광범위하게 쓰이기 때문에 이 역시 꼭 알아둘 필요가 있다.

명 칭	약 칭	성의 수도
Běijīngshì 北京市(베이징)	京	
Tiānjīnshì 天津市(톈진)	津	
Shànghǎishì 上海市(샹하이)	沪	
Chóngqìngshì 重庆市(충칭)		
Jílínshěng 吉林省(지린)	吉	Chángchūn 长春(창춘)
Liáoníngshěng 辽宁省(랴오닝)	辽	Shěnyáng 沈阳(선양)

명칭	약칭	성의 수도
Hēilóngjiāngshěng 黑龙江省(헤이룽쟝)	黑	Hā'ěrbīn 哈尔滨(하얼삔)
Héběishěng 河北省(허베이)	冀	Shíjiāzhuāng 石家庄(스지아쫭)
Hénánshěng 河南省(허난)	豫	Zhèngzhōu 郑州(쩡저우)
Shāndōngshěng 山东省(샨똥)	鲁	Jǐnán 济南(지난)
Shānxīshěng 山西省(샨시)	晋	Tàiyuán 太原(타이위엔)
Shǎnxīshěng 陕西省(샨시)	陕·秦	Xī'ān 西安(시안)
Gānsù shěng 甘肃省(깐쑤)	甘·陇	Lánzhōu 兰州(란저우)
Qīnghǎishěng 青海省(칭하이)	青	Xīníng 西宁(시닝)
Ānhuīshěng 安徽省(안후이)	皖	Héféi 合肥(허페이)

명 칭	약 칭	성의 수도
Jiāngsūshěng 江苏省 (지앙쑤)	苏	Nánjīng 南京 (난징)
Zhèjiāngshěng 浙江省 (저지앙)	浙	Hángzhōu 杭州 (항저우)
Jiāngxīshěng 江西省 (지앙시)	赣	Nánchāng 南昌 (난창)
Húběishěng 湖北省 (후베이)	鄂	Wǔhàn 武汉 (우한)
Húnánshěng 湖南省 (후난)	湘	Chángshā 长沙 (창샤)
Sìchuānshěng 四川省 (쓰촨)	川·蜀	Chéngdū 成都 (청뚜)
Guìzhōushěng 贵州省 (꾸이저우)	贵·黔	Guìyáng 贵阳 (꾸이양)
Yúnánshěng 云南省 (윈난)	云·滇	KūnMíng 昆明 (쿤밍)
Guǎngdōngshěng 广东省 (광뚱)	粤	Guǎngzhōu 广州 (광저우)

명 칭	약 칭	성의 수도
Hǎinán shěng 海南省(하이난)	琼	Hǎikǒu 海口(하이커우)
Fújiàn shěng 福建省(푸지엔)	闽	Fúzhōu 福州(푸저우)
Táiwān shěng 台湾省(타이완)	台	Táiběi 台北(타이뻬이)
Guǎngxī zhuàngzú zìzhìqū 广西壮族自治区 (광시 쫭주 쯔즈취)	桂	Nánníng 南宁 (난닝)
Nèi ménggǔ zìzhìqū 内蒙古自治区 (네이멍구 쯔즈취)	蒙	Hūhéhàotè 呼和浩特 (후허하터)
Níngxià huízú zìzhìqū 宁夏回族自治区 (닝샤 후이주 쯔즈취)	宁	Yínchuān 银川 (인츄안)
Xīzàng zìzhìqū 西藏自治区(시짱 쯔즈취)	藏	Lāsà 拉萨(라싸)
Xīnjiāngwéiwúěrzú zìzhìqū 新疆维吾尔族自治区 (신쟝 웨이우얼주 쯔즈취)	新	Wūlǔmù qí 乌鲁木齐 (우루무치)

자주 보이는 간체자

(1) 간화된 부수 글자

言 ➡ 讠	門 ➡ 门	食 ➡ 饣
系 ➡ 系	馬 ➡ 马	韋 ➡ 韦
車 ➡ 车	貝 ➡ 贝	見 ➡ 见
風 ➡ 风	龍 ➡ 龙	金 ➡ 钅
鳥 ➡ 鸟	頁 ➡ 页	麥 ➡ 麦
齒 ➡ 齿	黽 ➡ 黾	魚 ➡ 鱼

간화된 부수자가 쓰인 예

語 ➡ 语	聞 ➡ 闻	飯 ➡ 饭
絲 ➡ 丝	媽 ➡ 妈	韓 ➡ 韩
輛 ➡ 辆	財 ➡ 财	規 ➡ 规
飄 ➡ 飘	壟 ➡ 垄	針 ➡ 针
鴨 ➡ 鸭	順 ➡ 顺	麥 ➡ 麦
齒 ➡ 齿	黽 ➡ 黾	鮮 ➡ 鲜

(2) 자주 보이는 간체자

个	开	庆	过	关	广	国	贵	剧	乐
(個	開	慶	過	關	廣	國	貴	劇	樂)
宁	农	达	当	对	队	带	图	岛	导
(寧	農	達	當	對	隊	帶	圖	島	導)
东	头	兰	来	灵	岭	类	码	马	丰
(東	頭	蘭	來	靈	嶺	類	碼	馬	豊)
卖	买	面	庙	饭	边	变	凤	妇	飞
(賣	買	面	廟	飯	邊	變	鳳	婦	飛)
宾	写	师	产	书	陕	扫	苏	寿	肃
(賓	寫	師	產	書	陝	掃	蘇	壽	肅)
习	胜	岳	爱	阳	业	乌	辽	龙	云
(習	勝	岳	愛	陽	業	烏	遼	龍	雲)
愿	员	远	园	为	卫	伪	阴	认	讲
(愿	員	遠	園	爲	衛	僞	陰	認	講)
庄	壮	将	肠	张	长	场	灾	专	转
(莊	壯	將	腸	張	長	場	災	專	轉)
传	电	钱	节	郑	齐	济	际	钟	从
(傳	電	錢	節	鄭	齊	濟	際	鐘	從)
厂	处	铁	厅	听	闭	废	币	毕	笔
(廠	處	鐵	廳	聽	閉	廢	幣	畢	筆)
汉	韩	华	会	兴	戏	质	烟	压	块
(漢	韓	華	會	興	戲	質	煙	壓	塊)

SOS 긴급전화

주중 한국 공관

주중국대사관	Tel. (86-10)6532-0290 Fax. (86-10)6532-0141 당직용 HP. 1360-103-0178
주중국대사관(영사부)	Tel. (86-10)6532-6773~5 Fax. (86-10)6532-6778 사건사고용 HP. 139-0105-4216
주선양(沈陽)영사사무소	Tel. (86-24)2385-7820 Fax. (86-24)2385-6549
주상하이(上海)총영사관	Tel. (86-21)6219-6417/20 Fax. (86-21)6219-6918
주칭따오(靑島)총영사관	Tel. (86-532)897-6001 Fax. (86-532)897-6005
주광저우(廣州)총영사관	Tel. (86-20)3887-0555 Fax. (86-20)3887-0923
주홍콩총영사관	Tel. (852)2529-4141 Fax. (852)2361-369

주중 한국 공관

베이징	北京市 建国门外大街 国贸中心 2317室 Tel.(86-10) 6505-2324~7 Fax.(86-10) 6505-2310
상하이	上海市 楼山关路 83号 新虹桥中心大厦 3008 号 Tel. (86-21) 6236-8216, 6236-8225, 6219-7592 Fax. (86-21) 6219-6015
칭다오	青岛市 老山区 高科圆 秦岭路 8号 韩中商务中心 608号 Tel.(86-532) 889-6415~7 Fax.(86-532) 889-5334
따리엔	辽宁省 大连市 人民路9号 大连国际酒店 811室 Tel.(86-411) 281-6221~3 Fax.(86-411) 281-6220
광저우	广州市 环市东路 339号 广州国际大厦 主楼1010-11 Tel.(86-20) 8334-0052 Fax.(86-20) 8335-1142
홍 콩	Room3102, Central Plaza,18 Harbour Road, Wanchai, HONGKONG Tel. (86-852) 2545-9500 / 9786 Fax. (86-852) 2815-0487
청 뚜	四川省 成都市 中西顺城街1号 国际大 17D Tel.(86-28) 652-1320 / 1457 Fax.(86-28) 652-1573
우 한	湖北省 武汉市 汉口 新华后路 297号 国际贸易商业中心 609室 Tel. (86-27) 8555-0118 Fax. (86-27) 8555-0120

생활 편의 전화

전화번호 문의	114	국내 장거리전화	113
국가번호 안내	115	범죄신고	110
화재신고	119	구급센터	120
교통사고	122	날씨안내	121
베이징시 공안국	6512-8871	외국인 불편신고	6522-5486

수신자 부담전화

한국통신   108 821   온세통신   108 827
데 이 콤   108 828(교환원연결)/ 108 826(자동연결)

항공사(베이징 주재 86-10)

대한항공	6505-0088
아시아나	6468-4000
중국국제항공	6601-7755 #2141
중국남방항공	6601-7755 #2142
중국동방항공	6602-4075 #4075
중국북방항공	6601-7755 #2144
베이징수도국제공항	2580